1分钟
工作整理法

[日] 铃木进介 著

王晓蕊 译

中国纺织出版社有限公司

一直忙一直忙，工作还是
一团糟，为什么？

无论怎么努力，忙碌的工作总是没有尽头，为什么？

在周围人看来，我无法兼顾
工作和生活，为什么？

让我看看你到底是怎么了

让我看看你到底是怎么了

工作越积越多

不是自主安排工作，而是被工作安排

说话不善于总结

这个……那个……

安排不善的结果

↓

瞎忙一通，工作却没有进展，也没有成效

喂喂喂？

也就是说，越是擅于对工作（其他事情也是如此）进行"整理"，越是容易取得实效，越是容易完成上级交代的任务，实现"不做无用功"，避免"压力山大"，提高工作效率。

只需 1 分钟，对你的工作稍加整理，就能够帮助你从每天被工作围追堵截的状态中解放出来，重获清爽和自由的生活。
　　做回自己吧！

前言

　　"1 分钟搞定工作"，当我最初开始宣传这个理念的时候，很多人的反应都是"？"一脸茫然。

　　当然也有很多人觉得不可思议："这个人在说什么啊？"

　　或许您在把手伸向这本书的时候，脑子里想的都是："只要 1 分钟搞定工作？怎么可能！"

　　只要 1 分钟。确实如此。

　　我说的是真的。

　　只要掌握 1 分钟工作整理法，一定能够帮助你提高生产效率，加快工作速度。

　　只需 1 分钟，帮你摆脱工作的拖延、低效，找到最短、最快、最适合的工作方法。

　　现在的我被冠上了"思维整理家"的称号，

经常被邀请参加一些企业经营咨询活动和人才教育工作，但是以前，我经常因为无法很好地完成工作而陷入苦恼。

我原本相信只要耕耘一定会有收获，工作十分投入，还读了一些关于成功学的书，结果却完全没有用。几乎每天我都被工作追得团团转。

所幸我停了下来，开始思考。

那些能够持续高效拿出工作成果的人，究竟是怎么做到的？

是不是我的工作方法，实际上存在很大的误区？

此后，我开始在各种工作场合认真观察，看那些"工作能人"是如何思考、如何行动的，并且持续推进我的研究。

我发现，那些能够很快完成工作的人都有两大共通点。

第一，先想后做。第二，设定模型。

也就是说，在着手工作之前，他们已经在头脑中整理出了一个适用于此次工作的框架，然后沿着这个模型推进，从而更加高效地完成工作。

我终于明白了，两眼一抹黑的努力是没有意义的，必须先找到正确的路线，然后沿着这个方向努力，才能够更快、更好地完成工作。在此基础上，我开始把这些"工作能人"的"模型"活用到自己的工作之中，并且不断地试验、积累。

从此之后，工作中的疲惫和辛苦再也没有出现，一切变得有条不紊。不知不觉之间，周围的人开始感叹"你工作速度真快啊"，客户点名想把工作交给我，还接到希望我在研修班或者座谈会上交流经验的邀请。

在这本书中，我将迄今观察到的"工作能人"经验和我自己与大量客户打交道的实战成果精挑细选，按照不同主题为大家介绍最有用的"工作整理模型"。

如果你能够将这些做法应用于实践，就一定能告别毫无意义的忙碌状态，获得充实的每一天。

我衷心希望，这本书能够成为一剂在最短时间内提高工作效率的"特效药"，助你从无谓的忙碌中获得解脱。

铃木进介

2017 年 9 月

第**1**章

永远"忙得团团转"的
人有哪些共同点？

第2章

不费时间的工作
"拆解"整理术

第**3**章

让你不再"团团转"
的时间整理术

第**4**章

"交流术"助你提高效率，不做无用功

第5章

行动派的
"行动术"

第6章

助你高效工作
的"思考术"

结语
206

第 **1** 章

永远"忙得团团转"的人有哪些共同点？

1

埋头努力，但是生产力不进反退

🌀
聪明的努力和憨憨的努力

有这么一种人，他们在平时工作中很有干劲，而且有行动力。

但是最后的结果却不尽如人意。

他们拼命努力，长时间工作也不厌烦，明明心无旁骛地努力，却拿不出成绩，被归为"没有工作能力的人"。

付出却没有回报，这不得不说是一件令人遗憾的事情。

为什么这些人拼命努力、长时间工作，但是却没有结果？

这是因为努力的方向不对，或者说，没有朝着正确的方向、正确的目标去行动。

这个世界上，有两种人。

"聪明的努力者"和"憨憨的努力者"。

所谓"憨憨的努力"，就是不考虑"到底哪条路是抵达目标的捷径"，只顾埋头用功。

而所谓"聪明的努力"，则是考虑如何最快达成目标，或者找到快速完成工作的途径，然后配合最适合的行动。

后者不但可以更快地完成工作，也能展现更多的可能性。

打个比方，A 和 B 两个人到类似迪士尼乐园那样的大型游乐园去玩耍，游乐园的中间是一个巨大的人工湖，周围分布着各种各样的娱乐设施，进行各种表演。

A 和 B 两个人的目标，都是先去玩位于园区最里面的娱乐项目。

A 君一马当先，踏上了通向园区深处的步行道。

反观 B 君，他展开了在公园入口处拿到的园内游览地图，很快找到了位于附近的游船码头。通向园区深处的摆渡游船，正好快到发船时间了。

当满头大汗的 A 君走到位于园区深处的游乐区域时，B 君已经在前面排队了，而且看起来表情轻松惬意。

只要花上 1 分钟的时间，看一下园区游览图，确认自己的方位，在此基础上调整策略，B 君就因为采取了更有效率的方法免去了很多无用功。此后的每一步行动，B 君都会依照地图，向着正确的方向前进，因此能够体验更多的娱乐项目。

这个例子虽然看起来有一点极端，但是 A 君和 B 君，你更愿意和谁一起同行呢？肯定是在有限的时间内可以获得更多游园体验的 B 君吧？

只用 1 分钟，效果大有不同。

@

拼命想要提高生产力，但是事与愿违

在工作上也是一样的，在开始之前先花上 1 分钟，把当前的状况进行梳理，明确达成目标需要做些什么，在此基础上避免无用功，知道怎么做才能确保高效率，然后向着正确的方向努力。

如果不先明确怎么做才是最有效率的，一味强调"总之先干吧"，很可能筋疲力尽的同时只是在原地打转，做的都是无用功，工作也无法顺利推进。随着时间流逝，却迟迟没有成果。

明明很努力，却没有成果，这就是所谓的"白费力气"。

在这个繁忙的时代里，"生产力"是一种必备的能力。

应对工作的生产力，就是"在最短的时间内，取得最大的成效"。

这也就是我前面说的"聪明的努力"。

"聪明的努力"，就是先正确地梳理情况，再开展具体工作。

只需花费 1 分钟，对状况进行梳理，你就能更快完成工作。

2 误以为工作时间与工作效果成正比

🌀
时间短但是成果多，这是如何做到的？

讲一个我之前就职于某公司时发生的故事。

当时我每天都加班到很晚，很多工作都做不完，认为自己比谁都要更努力，但无论实际的营业成绩还是公司对我的评价，都是"一般般"。久而久之我自己也满足于这种"一般般"的状态。

但是，每天一到傍晚时分，我就总是心烦意乱。

就在这个时候，A君加入了我们公司，而且每天到点就回家。

　　我和其他仍在加班的同事不免对此冷眼相看，议论纷纷。"搞什么啊，那家伙这么早就走人了？没问题吗？"但是这种私下的议论，却让我的心情更加烦躁。

　　或许是我的心里已经有了某些预感。

　　果然，没用几个月的时间，比我还晚进入公司的A君业绩突飞猛进，超过了所有前辈，一举成为业绩冠军。他一如既往，不加班。

　　为什么像他这种每天很早回家的人，业绩反而更好？

　　我开始对A君进行暗中观察。

　　我发现，A君在工作的时候，会有一些不可思议的行为。

　　早上工作之前，吃完午饭后，下班回家前，A君每天在这三个时间段会把装着各种工作资料的文件夹摊开在桌子上，逐个审视，调整顺序。每个人手头都有很多项目，其他人一边工作，一边不解地看着他展开一个又一个的文件夹。

　　一天早上，A君像往常一样开始倒腾文件夹，我走过去问他："你到底是在做什么呢？"

"看看这些工作，判断出'是今天应该做的还是明天做也可以的''在今天应该做的工作中，哪些是做完 6 成就可以的，哪些是应该全部完成的''哪些是应该自己做的，哪家是应该交给别人的'。"

这是他给我的答案。

也就是说，A 君先冷静判断这些工作的性质，对它们进行梳理和分组，决定哪些是应该今天做的，哪些是今天应该重点完成的，哪些没有那么紧急。这就是他为什么能够避免做无用功，比别人都能早下班的诀窍。

此外，A 君会为工作设定一个完成时限，对时间进行有效利用，在此基础上对工作进行梳理，所以也就不存在加班这件事了。

🌀
无论多么刻苦，没有成果的努力是没有意义的

总是忙得团团转的人有一个共同特点，那就是长时间处于工作状态。

把工作的时长等同于努力的程度，这似乎已经成为一种通行的衡量标准。

然而，还应该有另外一种判断标准——如果在一件工作上花费过多时间，这同样是有问题的。

实际上，用一个小时完成4项工作的人，和用3个小时完成同样工作量的人相比，显然大家会认为前者的工作能力更强。

毕竟对于工作来说，最重要的就是成果。

归根结底，时间只是衡量标准之一。

投入时间不意味着取得成果，成果比时间更重要。

学会合理运用时间，工作才会有成效。

想要在工作上有所建树，如何使用时间是一个至关重要的问题。

3 没有意识到超时工作是一种损失

工作方式决定你是受益还是受损

"我也想早点收工回家。"有这种想法的人不在少数，但是他们却没有意识到"超时工作是一种损失"。

在研讨会和座谈会上，总能遇到那种"希望能够早点下班（认同早下班带来的好处）"的人，但是却很少有人意识到"每一天都必须尽力早一些完成工作（因为晚下班是一种损失，应该努力避免）"。

我以顾问的身份，参与过各种各样的企划，遇到过各种各样的人。我深刻认识到"早下班"和"晚下班"带来的影响是超乎想象的，无论是对

于自己还是周围的人,都会导致切实的收益或者损失。

而那些在工作中获得较高评价,或者被委以重任的人,往往能够意识到这一问题。正因如此,他们才会有意识地计算每分每秒,钻研如何以尽可能高的效率完成工作。

效率越高,成长越快,评价越好

工作雷厉风行,到底有什么好处?工作拖拖拉拉,到底有什么坏处?让我们分别来看一下。

收益1	能力提高

想要实现尽快完成工作任务的目标,是需要花费一些心思的。

比如甲方提出需要一份方案,我们必须在很短的时间内完成。

如果不能兼顾效率和实际情况,是无法完成要求的。

也就是说，在行动之前必须要有计划，明确先做什么后做什么。

为了尽早完成任务，需要考虑合理的实施方案，在这个过程中，要不断审视自己的工作方式，及时发现问题，及时调整方案，从而形成更加合理的工作方案，这必然能使工作能力不断提升。

收益2 | 评价提升

工作效率高的人，能够在很短的时间内完成较多的工作，并且高质量完成。"这项工作时间紧迫有点棘手，交给他比较靠谱。""她在每一天的工作中都有进步，也许可以交付给她更加重要的工作了。"这样的员工会备受期待，并且更容易被委以重任。

如果能经受一次次考验，下一次承担的工作就会更加重要，在公司里的地位也势必水涨船高。

此外，对于甲方等其他公司的合作伙伴来说，能够和这样的员工共事也是一件很有成就感的事情。

比如说在商业竞争之中，如果竞争的双方拿出了内容相似、品质相仿、价格相当的方案，那么"响应速度"显然会成为影响选择的决定性因素。

"响应速度"更快，不但意味着对方能够在更短的时间内完成，更意味着哪怕发生了问题，相信对方也能尽早加以应对，不用纠结"没问题吧？搞得定吗？"省去多余的担心。

工作效率高，可以为合作伙伴带来安心感和信任感，"想要和那个人共事"，这应该算是职场上很高的评价了吧。

收益3	空闲时间

能够尽快完成工作，就意味着工作以外的自由时间随之增加。

陪伴家人的时间，运动或者自我充电的时间，这些时间的增加可以使你的人生更加丰富多彩。如果只埋头于眼前的工作，视野会变得越来越狭窄。

世界的变化趋势，社会的潮流走向，这些事情是在公司里无法感受到的。拥有了自由的时间，就可以去见一些平时见不到的人，聊一些在公司里不会说到的话题，探索自己不知道的世界，了解其他人不同于自己的思考方式。

人际交往的扩大，也会提高你在工作中的创造力。换言之，工作以外的时间，对于工作是有加成效果的。

工作拖沓会导致一连串的损失

而另一方面，工作拖沓则会导致切实的损失。

损失1	能力无法提升，个人没有成长

简单重复一直以来的做法，工作方式是没有办法获得改善的。

也就是说，对工作的理解能力没有变化，技巧没有提升，永远也无法成长。

损失2	评价下降

如果把重要的工作交给效率低的人，很可能迟迟拿不出方案和报价，产生交付延迟的风险，难以获得周围人的信赖。

这样的人就会错失承担重要工作或者项目的机

会,拿不出像样的工作业绩,在行业中无法得到认可。

| 损失3 | 无法保障自由时间 |

工作无法按时完成,那么自然,工作拖延到什么程度,属于自己的时间就损失到什么程度。

无法拥有自由时间,就无法确保与家人的相处,也无法自我放松和自我充电,头脑和心灵都缺乏来自外界的刺激与营养,无法汲取新的知识,甚至可能无法拥有充实的人生。毕竟,充满人格魅力的人,往往拥有更多的可能性,在工作上也更加游刃有余。

工作以外的时间如何利用,总是让人充满期待的。

工作效率的好与坏,以及由此导致的收益和损失,其实是一个问题的两个方面。

我们往往会看中某件事情带来的"好处",换句话说也就是"收益",却常常忽视它导致的"坏处",也就是"损失"。

错失好处,对我们的生活不会有过大的影响,最多是生活轨迹保持不变,但是如果遭受损失,我们的日常生活却是会明明白白地受到波及。

　　也就是说，从"得"和"失"两个方面着眼，往往会使我们的工作效率产生巨大的变化。

工作快一步，成长多一点

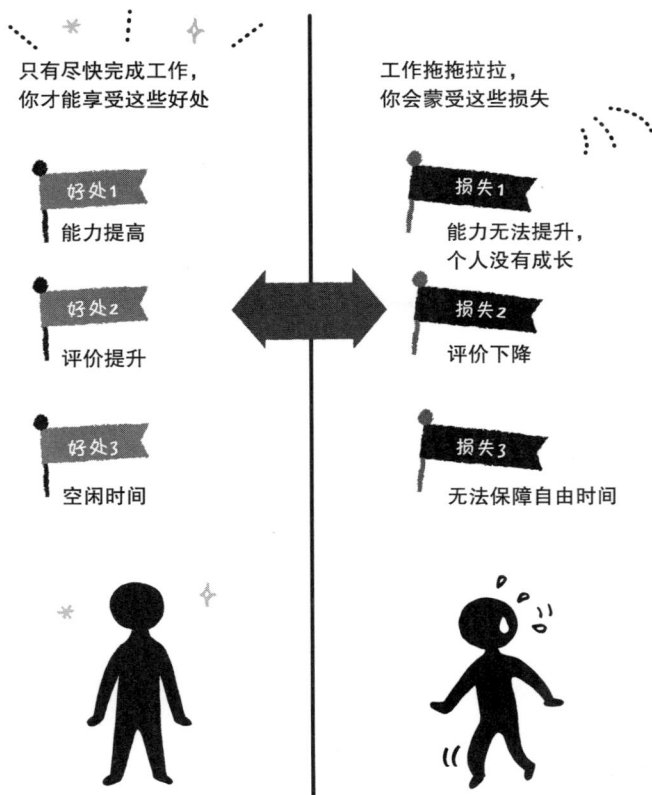

只有尽快完成工作，
你才能享受这些好处

工作拖拖拉拉，
你会蒙受这些损失

好处1
能力提高

损失1
能力无法提升，
个人没有成长

好处2
评价提升

损失2
评价下降

好处3
空闲时间

损失3
无法保障自由时间

简言之，是"一体两面"的关系

4 不知道自己工作中的问题在哪里

🌀 无法摆脱忙碌状态的 7 种类型

希望自己也能够早点完成工作。

谁都有这样的想法，但是愿望为何无法成为现实，原因往往也在自己身上。

很多人从未意识到自己的思考方式、行为习惯、性格、工作方法可能存在问题。

正因如此，这些人就算知道了如何提高工作生产力的方法和技巧，也无法改变实际情况。

首先,为了"成为那种可以早点收工的人",有一些准备工作是必须的。

说是准备,其实也很简单。

只需对照我总结出来的"无法摆脱忙碌状态的7种类型",就能够知道自己处于哪种工作状态。

但是,这种对照并非为了得出"正是因为我是这种类型,所以很废柴"或者"正是由于这样的思考方式,所以我没办法提高效率"这样的结论。

而是为了得出"原来我是这种类型,那么这样的工作方法比较适合我""原来我属于这种思考方式,那么今后要注意啊"的启示,也就是找到适合自己的对策。

在此基础上,认识到"调整一下比较好"或者"我想要改变",从而开展一场自我革命。

类型1	不懂拒绝，什么工作都接受

不考虑工作是否适合，无论什么任务都勉强自己接受下来。这样做确实会在一定程度上取悦周围的人，但是什么工作都接下来，时间肯定会不够用。

类型2	工作顺序被打乱，节奏就会放慢

平时都会把工作按照优先顺序安排好，但是如果突然有紧急任务出现，工作顺序一旦被打乱，工作节奏也会放慢。

整天都忙于应付眼前的紧急任务，会有越来越多的工作被拖到第二天，形成恶性循环。

类型3	短期任务太多，中长期工作无从下手

有着明确截止日期或者非常紧急的工作占据了所有精力，中长期的工作只能延后，导致一些虽然不紧急但是很重要的工作无法按时交付。

无法摆脱忙碌状态的7种类型

*在下列描述中选出符合自己的(可以多选)

□ ① 不懂拒绝,什么工作都接受

□ ② 工作顺序被打乱,节奏就会放慢

□ ③ 短期任务太多,中长期工作无从下手

□ ④ 忙得团团转,但是感觉工作没有向前推进

□ ⑤ 过于完美主义,无法结束并开展下一项工作

□ ⑥ 工作效率时快时慢,时好时坏

□ ⑦ 不愿意将工作交给其他人

有些工作虽然不紧急，却十分重要。这类人往往无法为此类工作妥善地安排时间，导致其陷入拖延状态，无法取得进展。

类型4	忙得团团转，但是感觉工作没有向前推进

这类人很努力，但是感觉工作没有取得进展，而且花费时间比预想的更长。如果不能找到小的突破口并且不断取得进展，只凭一股干劲其实无济于事。

类型5	过于完美主义，无法结束并开展下一项工作

这种类型属于对单件工作过于追求完美。对某件事情过分执着，工作的目的和初衷反而变得模糊。

对所有工作都追求 100% 的完美，这是不现实的。任何工作都应该有一个可接受的完成度，及时画上句号也是很重要的。

类型6	工作效率时快时慢，时好时坏

这类人的工作表现不稳定，工作节奏无法始终保持一致，也难以预判，有时可以很快完工，有时却又拖拖拉拉难以完成。

工作时尽量减少这种波动，更有利于提升效率。

类型7	不愿意将工作交给其他人

这类人因为觉得"自己做比较快"，所以宁愿独自一个人承担所有工作。

对将工作交给别人感到不安心，这容易理解，但是工作量的增加可能导致效率下降，反而给其他人造成麻烦。

怎么样？可以对号入座吗？

有的人可能会对应好几种类型。

知道自己有什么样的毛病，在此基础上制定对策，建立目标，你的工作进程会发生令人惊人的变化。

努力找到适合自己的工作方法吧。

5 任由感情支配工作

工作是由"两层"内容构成的

这是我研究了1万多人的工作方式后，得出的确切结论。

空有一身专业技能，不足以获得成功。

工作是由"两层"内容组成的（见下页图解）

第一层，是你对这项工作的整体认知和思考方式，也就是"看法"，第二层，才是专业知识和技能，也就是"做法"。

可以把它理解为一座两层楼高的房子。第一层的基础工事必须牢固，否则第二层的建筑物会很快崩塌。

先有"看法"，再找"做法"

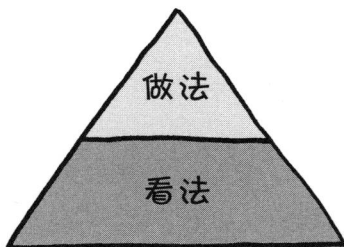

"看法"：整体认识和思考方式
"做法"：专业知识和技能

　　在运用专业知识和施展专业技能之前，先要
对工作有个整体的认知和判断，这项基础性工作
是十分重要的。

对于工作而言，一层（看法）和二层（做法）的关系也是如此。

为了尽快完成任务，必须先做好基础性的工作，使自己成为一个能够对工作有整体把握的人，然后再运用所掌握的技能，更好、更快地拿出工作成果。

想要拥有这样的本领，需要掌握以下两个要点：

1 不要感情用事
2 大处着眼，小处入手

有人可能会纳闷："这究竟是什么意思呢？"

在本节我们先来看看第一点，"不要感情用事"。

保持距离，不要感情用事

工作的时候，个人的感情和意志是很重要的影响因素。

甚至可以说是关键性的因素。

然而，无论是感情还是意志，都并不一定能够带来积极的作用。如果在工作中夹杂了过多的个人情感和意愿，很可能对工作带来不利影响。

　　情绪因素占据主导，工作业绩止步不前，这样的例子我看过很多。

　　也就是说，任由自己的情绪和意志来支配工作，很可能带来危险。

　　要想克服这种情况，关键是要"克制情感，不受其乱"。

　　情绪因素会影响时间的合理分配，合理控制才能够专心致志。如果在工作中过度投入个人情感和意志，有可能陷入效率低下的状态，忙得团团转却全是无用功。只有就工作论工作，才能进退得宜，发挥情感力和意志力的积极作用，这样的关系才是理想状态。

6 想要"一口吃个胖子"

目标过大，不切实际

下面我们再说说关于高效工作"做法"的第二个要点：大处着眼，小处着手。

我们在开始某项工作的时候，往往容易想着"反正都是要做，不妨大胆一点"，从而导致"第一步"迈得过大过猛。

事实上，如果第一步迈得过大，很容易导致第二步迈不出去。第一步迈得越大，之后面临的挑战就越高，而且缺少调整的空间，有些工作甚至会因此陷入半途而废的局面。

比方说，如果从减肥的第一天开

始，就把目标定在减重 10 公斤，后面很可能会遭遇挫折。如果在学英语的时候，一下子就把目标定在看美剧不用字幕，很可能由于难以短期达成目标而失败。

工作也是一样的。一下子定了过大的目标，很可能由于过分勉强而处处受挫，不但会陷入一直忙得团团转的状态，还可能导致压力不断累积，最终身心俱疲。

对于工作而言，不是"先迈出一大步"，而是"着眼实际，小步快走"。

先解决小问题

在围棋中有一个说法，叫"大处着眼，小处入手"。

也就是说，我们的视野要宽阔，看得要远，但是在操作层面要有小切口，从具体问题入手。

第一步迈得漂亮，容易得到周围人的称赞，夸你"真能干""有挑战精神"。但是，无论是什么样的天才，也不可能把这种引人关注的状态一直保持下去。

事件、预算、人际关系、精神状态，这些在事态发展的过程中都可能会发生问题，带来挫折与风险，也会导致工作节奏慢下来。

第一步迈得小一点，虽然出不了什么风头，但是途中遭遇挫折的风险会降低。通过"小步快走"的方式，可以在减少阻力的同时，更快地完成工作目标。

树立远大的理想和宏伟的目标，这本身是件好事。但是，不积跬步，无以至千里。

不妨先想一下，什么才是适合自己的，而且立刻就能够实现的"第一步"？

我们工作的座右铭是"目标高远，小处做起"。

想要从"忙得团团转"的状态中解脱出来，首先要学会从小目标做起。

不是非要一口气跑到终点

一下子就树立过于遥远的目标, 太累

起点　　　　　　　　　　　　终点

一步一步踏实地向目标前进, 轻松

起点　　　　　　　　　　　　终点

第**2**章

不费时间
的工作
"拆解"整理术

1

在做任何工作之前，先做"因数分解"

⑥

复杂的任务是很多项工作的集合体

如果不知道从哪里着手，自然就不可能取得进展。

"今天做不完的话，明天再说……"这种想法会使你不断拖延下去，工作像滚雪球一样越积越多，使今后面临更沉重的负担。

你大概有过类似的经验吧？

为什么提不起干劲来呢？这种现象的背后往往存在着两方面的深层次原因。

1 嫌麻烦
2 心里没底

以上这两种心理从何而来？主要是由于工作在很多人眼中是"巨大的一个整体"。其实这个"巨大的整体"是工作的"完成形态"，一眼望去，很容易产生自我怀疑。人们会反复问自己："我能做到吗？""太夸张了吧？"从而心生怯意。

比如，领导对你说："我想向大家展示一下那台15公斤的机器，你把它搬到会议室来。"

可能你真实的心理活动是："要我搬这么重的东西，怎么办啊，怎么可能搬得动啊，太讨厌了，怎么办才好啊，我要不要去找个推车？啊啊啊，真是太麻烦了。"

然而实际上，这台巨大的机器还不是由很多细小的组件安装在一起的？与其在心里抱怨"怎么可能搬得动""真是够了"，还不如把它拆解，分开运输。

如同巨大的机器是由各种零部件组合而成的，复杂的工作任务也是由很多个"子任务"组合而成的。

也就是说，面对复杂的工作，不妨先做个"因数分解"。

🌀
尽可能细致地把工作拆分并且列入"TO DO LIST（任务清单）"

上司交给你一项工作："把上周的客户投诉整理成一份改善方案。"

面对这样一项工作，大家会如何拆分呢？

显而易见，这是一项辛苦的工作，立刻坐在电脑前开始打报告并不是一种明智的选择。

首先，你需要对这项工作有个整体的把握，然后把《改善方案报告》分解成若干项任务。

·报告本身

使用什么软件？报告由几个部分组成？起个什么样的标题？

工作的"因数分解"

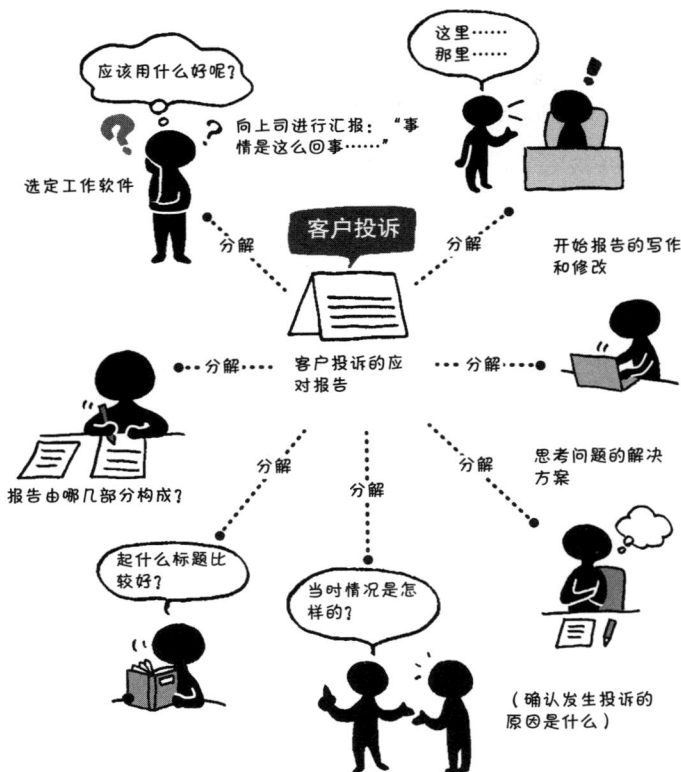

转换工作视角,不要把"写报告"这件复杂的工作看作一个整体,而是分解成若干个"子任务"。

·收集素材

收集导致问题发生的原因有哪些？然后和同事协商改善的意见建议。

·开工之前

内容需要先请示上司吗？需要给谁审查？什么时候能拿到结果？

通过这种方式，一项工作就分成了若干个更容易完成的子任务，极大减轻了心理压力，按照"TO DO LIST"清单一项一项地完成，就算当初让你感觉很棘手的工作也可以扎实推进。

而且，由于这种方式能够使你很好地把握进度和状况，工作中的失误也会减少。

只要遇到"很麻烦"或者"无从下手"的工作，不妨先停下来，给工作任务做一个整体画像。

在此之后，用一分钟的时间整理思路，看看手上的任务能不能分割成更小的子任务，在必要的时候可以列出一份任务分解清单。

以上面那个写方案报告的工作为例，在"围绕问题发生的原因收集情报"时，可以进一步细分为"和顾客约定沟通时间""拜托上司和自己共同听取客户诉求""整理顾客的问题"等多个任务。

总之，考虑得尽可能全，分解得尽可能细。

通过"因数分解"将工作化解为若干个子任务，一切都会变得易于上手，易于完成。

只需花上 1 分钟进行因数分解，无论什么工作都会变得更加容易完成，就是这么神奇。

2 "TO DO LIST" 的三大作用

以 "TO DO LIST" 为工作指南

大家听说过 "TO DO LIST" 吗？

所谓 "TO DO LIST"，实际上就是把该做的事情一项项列出来。

为了更快更好地完成工作，"TO DO LIST" 绝对是不可或缺的。

作为工作指南，"TO DO LIST" 可以写在纸上，也可以写在电脑或者手机记事软件上，把它放在视线以内的范围，总能时刻提醒你忘记了哪些事，也可以用来对照执行情况和查漏补缺。

为了列出这样一份"任务清单"，你肯定要先考虑工作的紧急程度和重要程度，排出优先顺位。

> **"TO DO LIST"的制作方法**
> 　**1 把所有需要做的事情都列出来**
> 　**2 按照任务的紧急程度和重要程度，排出先后顺序**

比起"TO DO"，更需"集中"

值得注意的是，制作"TO DO LIST"，并不是要把一件事变成十几件事。

当一个人面临很多要做的事情时，往往难以集中精力。在做 A 工作的时候，想着要不要先做 C？但其实 E 的时间紧迫已经不能再拖了……太多其他事情分散精力，A 反而被拖延。

因此，必须创造一个可以集中精力做好一件事的环境。

> **"集中 LIST"的制作方法**
>
> **1 把所有需要完成的工作全部列出，形成一个"TO DO LIST"**
>
> **2 把"TO DO LIST"里面最重要的三件事（优先顺序排在 1 ~ 3 位的）挑出来，形成"集中 LIST"**

也就是说，"TO DO LIST"是由两个部分组成的。

只需花费 1 分钟的时间，一份"集中 LIST"就能提升你的效率。

在做好"集中 LIST"之后，可以暂时把"TO DO LIST"收到抽屉里或者夹到记事本里，让它先从你的视线中消失，这样你就会专注于"集中 LIST"上面所列的这三件事。把这三件事完成之后，将"TO DO LIST"上排名 4 ~ 6 位的任务挑出来，形成新的"集中 LIST"。

通过这种方式，你的注意力可以最大限度地集中，工作效率也会增加。

毕竟我们在日常生活中面临太多诱惑，注意力很容易被分散。一个人能够在多大程度上不受外界干扰，能够在多大程度上集中注意力，这往往是能否尽快完成工作的决定性因素。

"集中LIST"助你提高效率

制作"TO DO LIST"

1 撰写报告
2 约见客户
3 测算交通费
4 整理会谈资料
5 构思促销活动
6 与工厂联系调整交货时间
7 预约研讨会的会场
8 制作演示资料
9 选定委托方
10 出差的准备工作

确定优先顺位

制作"集中LIST"

制作"集中LIST"
1 撰写报告
2 约见客户
3 测算交通费

"所有该做的事情"全部列出来，就形成了"TO DO LIST"

把"现在最应该做的事情"按照优先顺序选出前三位，制作"集中 LIST"，这有助于提升集中力。

3 三种判断基准

判断基准不同，看法和结论也会变化

同样一件工作，随着环境和形式的变化，判断基准也会发生变化。

今天这件事情是最优先的，也许明天就会有更重要的事情出现，我们的判断会随之改变。

总体来说，判断基本包括以下三个方面。

①紧急性和重要性

拓展新客户就属于没有具体时间表的长期工作，制作报价书、完成客户的委托则属于有具体期限的工作。

②完成型和创造型

我们的工作可以分为两种类型，即完成型和创造型。

所谓完成型的工作，包括比如计算经费、制作会议纪要、进度管理等以某种固定形式完成的工作，此类工作往往更重视效率。

而所谓创造型的工作，包括比如商品企划、战略方案、策划书等不是以固定形式完成的工作，此类工作比起效率往往更重视品质。

我们需要分析手上的全部工作都是什么样的性质，据此分配时间。

③独立完成和合作完成

也就是这份工作是只有自己才能完成，还是可以交给其他人。

根据工作的内容，冷静判断"这份工作只有自己才能做""这份工作可以完全交给其他人"还是"可以部分交给其他人"，明确自己应该专注于哪些工作，从而实现高效工作。

根据"什么是真正必须完成的"来确定当天工作方式

把今天必须做完的事情放入"TO DO"清单，用1分钟的时间按照以上①～③的标准进行衡量，确定优先顺位。

· 其中哪些工作是必须由你完成的？

· 其中哪些工作是可以交给其他人完成的？

· 可以短时间完成的工作和难以评估时间的工作，哪个应该更优先？

工作的优先顺序，并不仅仅取决于紧急程度。

最后，问自己："现在，我应该更加专注于哪项工作？""根据工作的类型，以何种比例进行时间分配才是最佳方式？"

你的答案，就是一份指导你高效完成工作的"TO DO LIST"了。

整理"TO DO LIST"的三种视角

	内容	场景	要点
紧急程度/重要程度	紧急程度和重要程度都较高的工作应该考虑较高的优先顺序	打起精神来！ （紧急）应对客户投诉 （重要）开拓新客户	不要只考虑紧急程度，也要综合考虑重要性，这可以使你不只局限于眼前的工作
完成型/创造型	在考虑优先顺序的时候，应该在按部就班的工作和较为自由的工作之间寻求平衡	按部就班，逐步推进。 （完成型）计算经费 （创造型）策划方案	优先完成哪一类的工作，要视情况考虑
独立/合作	在考虑优先顺序的时候，应该在只能自己完成的工作和可以交由他人的工作之间寻求平衡	交给别人也可以。 （独立完成）接待自己负责的用户 （交由他人）活动的准备工作	如果需要合作，首先明确"交给谁，怎么做"

　　除了紧急性和重要性，也综合考虑其他统筹方式，你的统筹和推进能力会逐渐提升。

4 比起"优先"，更重要的是"劣后"

重新思考是不是全都要做

美国的经营学家德鲁克（Peter Drucker）曾经说过："工作的关键在于决定哪些事情是最不重要的。"

所谓"劣后顺位"，可以理解为是"优先顺位"的反义词。

也就是说，比起什么事情是应该做的，更应该明确哪些事情是不做也行的，或者是优先顺位很低的，然后把这些工作毫不犹豫地扔在一边。

有许多人总是"很忙"，就算想尽了各种对策也无法改善，比如为工

作安排优先顺位或者列出"TO DO LIST"。这种情况基本是由于工作的总量过大造成的。

就算排出了有限顺位，只要工作的总量不减少，就无法摆脱忙碌的状态。如果大量的工作累积，能够提升的速度总是有限的。

所以，为了尽快、高效地完成工作，取得良好的工作表现，我们有必要找到最适合自己的平衡点。

也就是明确哪些工作"不做也行"，并且加以舍弃。

🌀 不必要的工作，果断舍弃

"不做也行"的工作，其实就是"扔到一边"的工作。

这类工作主要可以归为以下三种情况。

1 紧急度和重要性都明显很低的工作

那些在当下紧急度和重要性都很低的工作，比如整理文件和当天工作总结等。

2 无论谁做都可以的工作

比如收集新用户的资料，为离职同事组织送别会等。请考虑一下，这些工作确实需要自己来做吗？

3 没必要"现在马上"就做的工作

比如为定于下个月召开的例会准备一份报告，等待用户的意见反馈。请想一下这些工作是不是"现在要做"或者"今天必须完成"，如果不是，立刻把它们扔到一边，先去做其他更重要的工作。（不过，需要先和上司或者客户确认一下。）

明确哪些是"不做也行（扔到一边）"的工作，可以帮助你更加集中精力应对手边剩下的工作。

也就是说，在通过确定优先顺序提高工作效率的同时，我们也需要为工作量做减法，这能有效地帮助我们更早收工。

如果在工作中感到困惑，不妨先花上1分钟，决定哪些事情是现在非做不可的？

"优先顺位"和"劣后顺位"

是必须现在做吗？

不是

优先顺位

劣后顺位

明确哪些事情是应该做的（着手）

明确哪些事情是可不做的（舍弃）

把立刻转化为成果的事情放在优先顺位，提高工作的"质"。

把工作需要花费的时间缩短，减少工作的"量"。

通过确定"优先顺位"实现"提质"，通过确定"劣后顺位"实现"减量"，想要早点完成工作，这两个角度都要兼顾。

5 果断借力

如果谁做都可以，交给别人是最优解

无论多么努力，一个人还是单枪匹马，一天也只有 24 个小时，能做的事情总是有限的。

在这有限的时间里，做出聪明的取舍，就能更快更好地拿出工作成果。

非常重要的一点是，在诸多"我做也可以"的工作之中，有哪些是"只有我能做的"，哪些是"别人也可以做的"？

工作能力的提升会带来自信，完成工作的速度也会加快，但这种提升

很快会达到一个极限。这就是个人能力范围的极限。

但是，如果把工作交给其他人，又会有各种担心，比如"他和我的工作方法不一样，可能会有问题""把工作交给别人这件事真的好麻烦""他的经验没有我丰富，可能会有风险"，因此无法放心开展合作。甚至在尝试把工作交给别人之后，感慨"果然还是我自己做更快一些"，越来越陷入孤军奋战的境地。

这种类型的人，为了尽快完成工作，往往要承受更多损失。

·没有人帮忙，没办法早点下班回家

·时间的高效利用是有上限的

·一个人的负担过重，疲劳感和压力容易累积

·如果有事请假，公司其他同事无法接手工作，反而会添麻烦

·一个人埋头苦干，可能检查不够细致，导致错漏多发

·不能帮助周围的人共同进步，可能因此受到差评

为了避免这些损失，在开始工作之前请用 1 分钟看一下"TO DO LIST"，确定这件工作是必须由自己

亲自来做吗？分清"必须自己做的事 / 可以交给他人的事"，然后用不同颜色的记号笔做好区分。

🌀
创造一个易于开展合作的工作环境

在选定了"可以交给他人的工作"之后，还要寻找适合交接的对象。

毕竟，接手别人的工作，并不是一件简单的事情。在考虑如何将工作交给别人之前，首先对方的态度要是"愿意帮忙"，这一点是十分重要的。

为了达到这一状态，需要注意以下两点。

1 内容共享

首先要把你希望对方来完成的工作内容充分告知，让对方了解相关情况。

这种情报共享必须十分充分。

如果对方不知道具体的工作要求，不清楚要做到什么程度，不明白工作进度，突然被要求接手，一定会很困惑，甚至可能会出现问题。因此，务必充分对相关情况进行沟通。

此外，你希望将工作交代给谁，也需要事前确认对方的情况。就算你的职位比对方要高，这也是最基础的规则。

如果对方也非常忙碌，那么无论你怎么说，也很可能无法接下你所交代的工作。

所以，务必留下较为充足的时间，确认对方是否能够接受相关安排，考虑得周全一些，也可以保障对方能够心情较为愉快地与你合作。

2 工作分解

你自己的工作，自己最了解，经验也丰富。突然要把工作交给其他人，恐怕自己也难以完全放心。

这种不安是会传递给对方的。

如果无论如何都无法消除这种风险和不安，不妨对工作进行"因数分解"，不是把工作整个交给对方，而是交给对方一部分，变成分担工作的方式。

飞机在起飞的时候，不是以 90° 角直线上升的，一定有一个逐渐升高的过程。工作也是一样。

与其突然和同事说："帮我做一份用户方案好吗？"不如调整为："我要做一份方案，帮我把这些数字做成一张图表好吗？""我要做一个展示文件，帮我加上动画特效好吗？"这样化整为零可以使工作交接更加顺畅，也能降低失败的风险。

然后，随着对方对这项工作越来越熟悉，就可以逐渐把更多的工作交接过去。

这样分阶段的、逐渐扩大委托给对方的工作范围，不但可以逐步提高对方的熟练程度，也可以在比较短的时间内，缩短人际关系的距离。

不过，有三点需要注意。

1 投诉类工作交接有风险

特别是如果相关投诉或者问题是由你引发的，如果把这类工作交代给其他人，会让对方和周围的人认为你是在逃避责任。

2 工作时限要具体

如果只是说"明天中午"，那么很难明确究竟是12点呢，还是13点呢？最好是说清楚明天中午12点，或者下午17点，这种具体的时间限制不会引起误解。

3 工作进程要掌握

如果是需要一段较长时间才能够完成的工作，在这个过程中进行确认是十分必要的。

如果已经临近期限，还是只做完了三成，那很有可能会出问题。

根据工作内容，将工作分成1、2、3等不同阶段并且确认进度，这不但可以预防失败，也可以使工作交接更加安心。

借助他人的力量，可以快速地完成工作，不但可以解放自己，也可以学习其他人的工作方式，可以说是一石二鸟。

6 不要奢求一步到位

完美不一定是好事

有的人明明很优秀，却依然总是忙得难以招架。

这类人有一个共同点，那就是对所有事情都力求完美。

"完美"无疑是一个好词，但是在工作场合之中，追求完美却并不一定是件好事。

有时过于追求完美，反而容易束手束脚。

如果对所有工作都尽心尽力，无疑要花费更多时间。

如果一切事情都亲力亲为，部下永远无法获得成长，也无法独当一面。所以说，有时候不把"100%"作为目标，反而更好。

具体来说，那些有着严格法律规定或者与钱相关的工作，比如起草合同、计算费用，应该不打折扣地追求完美，对于客户投诉等问题如果应对不善，可能导致巨大的损失，也应该慎之又慎。

还有，那些提供给外界的各类资料和材料，白纸黑字，马虎不得，需要追求 100% 的完成度。

除此之外的很多工作，比如提出某个策划，构思提案内容，这种工作很难要求完美，情报收集也是一项没有尽头的工作。在教育部下的问题上，谁也不知道怎样做才能算是完美。

也就是说，根据工作内容的不同，我们所追求的"完成度"也要有所差异。

对所有工作都追求完美，没有意义。

该努力时才努力

如果有一件工作让你陷入了过度追求完美的困境，迟迟无法取得进展甚至陷入停滞，不妨先"暂停"一下，征求其他人的意见和建议，或者通过合作的方式借助他人的力量和智慧，这样不但能使效率提升，工作质量也会提高。

此外，对于那些"思考"性质的工作，比如咨询和建议，在有了一些思路之后，不妨先放一放，过了几天之后也许会有新的想法出现。

与其埋头苦干，不妨"走走停停"，也许你的工作效率反而会有所提升。

建议梳理一下手上的工作，确认它们都需要怎样的完成度。

"这件工作需要在今天做到完美吗？"请在开始工作之前，先花上 1 分钟思考这个问题吧。

用"完成度"对工作加以区分

"TO DO LIST"之中，有些工作需要 100% 的完成度，有些则只需要做到 60%。

> TO DO LIST
> 起草合同，企划方案，为第二天出差做准备，写申请书，收集情报，构想下个月会谈的提案内容，应对客户投诉，对部下进行业务指导，计算交通费

（举例）

100%	起草合同、为第二天出差做准备、写申请书、应对客户投诉、计算交通费
60%	企划方案、收集情报、构想下个月会谈的提案内容、对部下进行业务指导

不用今天完成

1 分钟判断

今天需要完成　　今天基本做完　　需要进一步讨论
100%　　　　　**70%**　　　　　**50%**

在"TO DO LIST"上用数据标明所需的完成度，可以为工作提供便利。

7 工作组件化，实现两倍速

越是不擅长的领域越是要把它组件化

提不起劲，想不起来，没有思路，这些都是导致我们工作效率低下的"绊脚石"。

如果用"组件化"的方式来审视我们的工作，就可以减少此类情况，帮助我们尽早收工。

所谓"组件化"，是指在工作的过程中不依靠情感、记忆、想象力之类的感性因素，而是实现工作的自动化。

人类是一种情感动物，有时会陷入消沉状态。更何况生活中总有各种烦恼，导致我们提不起干劲，不能永远保持高速的工作效率。特别是在我们面对一些不擅长的工作时，这种倾向就更加严重。

实际上，有一种方法可以帮助我们无论在什么状况下，都保持一如往常的工作效率，保证我们按时下班回家。

这就是组件化。

组件化主要有三大优势

1 避免浪费时间
2 减少失误
3 便于分配工作

通过组件化的方式，我们在不太顺心的时候，身体不太舒服的时候，或者由于一些小病小灾在家休息的时候，都可以一如既往地推进工作或者将工作交付给其他同事。

🌀
怎样的组件化，才能使同事应对自如？

对什么样的工作进行组件化，才能真正实现提升工作效率？首先，符合以下这些特征的工作适合组件化。

1 重复性的工作

我们首先需要先把那些重复性、固定性的工作进行组件化。比如制作会议纪要，计算交通费用，联系业务等。所谓熟能生巧，每次都做同样的工作，自然可以找到更加快速的方法。

2 容易忘记的工作

如果只是依靠记忆力，一些工作很容易被忘记，比如出差的准备工作漏掉一两项，比如工作太忙忘记提交某份申请，比如开展促销活动需要进行哪些准备工作。此时，亟须对其进行组件化处理。

组件化的三大优势

一旦实现组件化

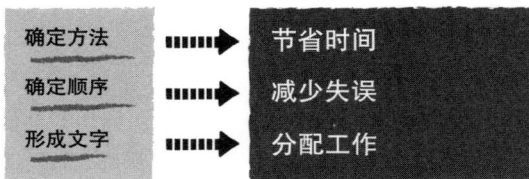

确定方法 ➡	节省时间
确定顺序 ➡	减少失误
形成文字 ➡	分配工作

失误

无效　　　　　　　　　加班

集中精力做该
做的事情

♪

神清气爽

3 可以自动化的工作

通过信息技术实现自动化，一些原本很费功夫的工作可以实现组件化。

组件化可以帮你找到值得信赖的工作伙伴

建议通过以下三个步骤实现组件化。

1 找到适合的工作内容

如前文所述，重复性、易忘记、自动化的工作适合作为组件化的对象。

2 分门别类

· "重复性"的工作

不是从零开始做，而是保留固定或者调整不大的部分，熟练运用"快捷键"。

· "易忘记"的工作

制作清单或列表，存在手机记事本里，并且与日历相连，做到定期提醒。

· "自动化"的工作

比起一个一个字的输入，可以尝试智能输入和语音转换等方法。

通过智能搜索、自动发送邮件等技术方式，可以帮我们省去很多麻烦。

3 手册化

对于那些自己已经驾轻就熟的工作，最后应该形成一个工作手册。这种工作手册并不需要非常复杂，也无须纠结形式，只需要把工作中的要点记录下来就可以，列成一条一条的工作需知也可以。

把工作方法落在文字上，目的是使任何人都可以顺利接手这份工作。

把工作顺序、方法写下来，无论是谁都可以一目了然，这不但可以在你缺勤的时候发挥重要作用，也可以帮你培养下属和工作伙伴。

组件化完成之后，以后每天早上只要先看一下"TO DO LIST"，再用 1 分钟想一下如何灵活安排不同组件就可以了。

第**3**章

让你不再
"团团转"
的时间整理术

1　我的时间 我做主

随着别人的安排忙得团团转，没时间做自己的工作

在制订工作计划的时候，你是怎么做的？

"例会""洽谈""接待访问"，这些需要配合其他人时间安排的工作放在前面，"写提案""客户扩展""调整工作流程"，这些自己原本制订好的工作计划因此向后推？

这种做法，只会让你的工作节奏永远受他人支配。

如果不能做到自主自导的时间管理，时间就永远被用来完成其他人交代的事情，不得不做的工作任务也会越来越多。

"总是被其他人指挥的团团转，自己对自己的时间没有主导权"。

从客户那里，我总能听到类似的叹息。让我们来仔细思考一下这是为什么。

也许你没有意识到，尽管有些工作安排是由他人主导的，但最终决定接受的，是自己。

把自己的事情排在前面，对他人的安排学会拒绝。

当然，只要是工作，就避免不了要将一些时间用于与他人协商或者配合他人安排。

我们需要注意的是，不能一直将其他人的安排优先考虑，把剩下的时间留给自己，而是应该优先保证按时完成自己的工作。

夺回时间主导权准则

自主自导的决定时间使用方法，你需要遵守以下准则。

准则1	在工作清单上，把自己需要优先完工的工作置顶

首先，在工作清单上把那些必须由自己完成的工作放在最前面，要优先考虑时间紧急的工作，同时兼顾那些耗费时间的复杂工作和长期性工作，把工作组件化方式和实施方案等内容全部落实在清单之中。

准则2	在年初、月初、周初制定阶段性时间表

在每年、每月、每周的开始阶段，用时间表的形式对工作内容作出安排。

只要花上1分钟，确定需要自己优先处理的工作，就算不能完全确定也要先列到工作时间表之中。

先制定出一个大致的时间表，然后再补充其他内容。

这种做法不但适用于工作，也适用于我们的日常生活。

夺回时间主导权准则

准则1

在工作清单上，把自己需要优先完工的工作置顶

准则2

在年初、月初、周初制定阶段性时间表

准则3

已经确定的个人安排，原则上不要变更

比如你想要8月20日—8月31日去夏威夷旅游，如果不把请假的时机掌握好，是有可能错过心仪的机票的。为了顺利成行，一切都需要事先安排好，也要考虑如何在出行之前把工作提前完成。

准则3	已经确定的个人安排，原则上不要变更

一旦将自己的计划排入时间表，原则上就不再加以调整。如果有一些你不想接受的工作安插进来，可以提出"和我的安排存在冲突"。

虽然不是让你无论在什么情况之下都不能变通，但是使用时间表的意义并不是让你做个老好人，而是要"任性"一把。

如果发生了客户投诉等突发情况或者其他非常重大的事件，也是可以特殊问题特别处理的。

"有时间的话就做吧……"

按照这个思路，事情难道不会没完没了吗？

如果认为"总会有时间的"，总是接受预定之外的工作安排或者邀约，最终结果一定会是时间不够用。

因为很多事情是自己无法控制的，如果总是被其他事情分散精力，自己的时间只会越来越少。

　　因此，一定要牢牢握住自己对事件的主导权，明确以上三条"准则"是十分重要的。

　　"决定由自己主导时间的使用方式"，这件事连 1 分钟都用不了。

　　通过贯彻自主准则，可以预防自己被其他人、其他事安排得团团转。

2 对紧急安排的工作进行技术性回避

🌀 不是拒绝，而是"回避"

遇到紧急安排的工作任务，真的想要拒绝啊，但是又不知道怎么拒绝——

你有没有这样的经历？

如果时间较为充足，接受其他人的工作安排也许不会有什么影响，但是如果什么都接受，自己的工作安排很有可能因此泡汤。

因此，面对其他人交代的工作，必须有严格的规划。

如果自己有富裕时间，那么给别人帮下忙倒是也不会有什么影响，但是如果把别人的委托照单全收，很可

能最后要加班的就变成自己了。

　　所以哪些可以帮，哪些要拒绝，自己必须要妥善掌握。

懂得婉拒的人通常能早点下班回家。

　　在拒绝的同时，不希望对方不开心，那么掌握"迂回法"就十分重要了。

学会三步迂回法，拒绝别人推给你的工作

　　不让对方感到不快的迂回法，通常分为以下三步。

第一步	不要直接说"NO"，而要传达"积极的意愿"

　　如果一开始就明确拒绝，很可能会让对方感到不快。

　　首先，需要表示出"我特别想试一下""我认真考虑一下"，反正无论你实际心里怎么想的，都要在语言表达上传递一种积极的意愿。

　　这个时候，不但语言表达要积极，表情和身体手

势也要配合一致。如果只是嘴上说得好听，但是眉头紧皱，很可能让对方产生不信任感。

| 第二步 | 准确客观描述目前的工作情况（难以帮忙的理由） |

已经表示了积极的意愿，如果态度突然转变，很可能让对方的期待落空，心生不快。

所以需要把自己面临的问题具体地告知对方："我手上的工作今天 5 点之前必须要交……"让对方感受到你"确实有困难"。

这个时候，再把自己手上工作的紧急性和重要性明确地告知对方，最好加上一些具体数字，说清楚是要交给谁的，最好有具体的名字以显示其重要程度。

| 第三步 | 提出"替代方案" |

这个时候，对方应该已经感受到你确实没有时间帮忙，而你要做的不是强调自己确实"爱莫能助"，而是提出一个"替代方案"。

比如你可以向对方提出类似这样的具体方案。"如果可以的话，明天怎么样？我明天下午 5 点前能交给你。""不如你去问问 A 君，他也许能帮上忙。"

此外，所谓的"紧急"，有时也是有一些商量余地的，所以需要和对方确认工作的"deadline（必须完成的时间）"，表现出自己确实勉勉强强才能按时交差。

在这个过程中，可以提供一些可供参考的选项，让对方感到"他确实是认真思考了"，由此增加好感度，如果能提供三个以上的选项，会让对方认可你的工作能力，认为你是个可以拿出具体办法的人。

如果能灵活使用迂回法，并且提出可行的替代方案，很可能对方不但不会因为遭到拒绝感到不快，还会增加对你的好印象。

这就是高明的迂回方式。

按照这个模板，只需要 1 分钟的时间，就可以整理出适合你的迂回方案。

使用这个方法不但能够赢得好印象，还可以夺回自己对时间的主动权，这个三步迂回法希望大家都能活学活用。

3 把最难的工作，留给你的"拼搏时间段"

🌀 根据个人状态，决定一天的工作安排

你有没有过这种经验：明明已经妥善安排了工作时间，但是一天工作结束之后对照自己的"TO DO LIST"，推进速度却不如预期？

这通常是"集中力"和"时间段"的组合出现了问题。

很多人是按照手头"全部工作内容"来决定工作顺序的，而没有考虑到我们的精力集中时段通常没有那么固定。因此，我们需要确定哪些工作是最需要集中精力来做的，也就是"审视如何有效地使用时间"，并据此安排工作顺序。

让我们以"注意力最集中的时间

段"为出发点，对工作计划重新进行分配吧。

◎
如何找到自己的"拼搏时刻"

　　我把一天之中注意力最集中、工作效率最高的时间段称为"拼搏时刻"。

　　既然以"精力最集中的时间段"为出发点来分配任务，首先要知道哪个时间段是自己精力最集中的时间。

　　我们把一天的时间分为 5 个部分，对每个时间段都要有不同的使用方法。

　　首先，除了上床睡觉之外的时间可以分为 3 ~ 4 个单位，对照自己的工作计划表，把适合不同时间段的工作进行分类，明确自己在哪些时间段能够埋头于工作，哪些时间段则产出率较低。

　　找到自己比较能够集中精力、高效工作的时间段，这就是我们说的"拼搏时刻"，然后把比较困难和最为重要的工作安排在这个时间段。与其在其他时间段和工作较劲，不如这样安排使工作更加顺畅。

　　与之相反，如果把自己效率最高的"拼搏时刻"

用来核算经费、制作会议纪要或者做其他模式化的工作，那其实是对时间的浪费，也不能充分发挥自己的能力。

比如我自己的"拼搏时刻"是傍晚的 17 时至晚间 20 时，那么按照下图所示安排一天的工作就比较合理（见 105 页）。

早上第一件工作是收集整理必要的情报，做一些准备工作，然后自然地过渡到为提案书构建提纲等需要开动脑力的工作。

在白天容易犯困的时段，可以安排会谈或者对客户做一些讲解工作，这样肯定不会打瞌睡。在傍晚过后，头脑非常清醒的时刻，可以考虑写企划书、提案书一类的工作。

当然，工作肯定不会一帆风顺，有时会出现各种状况。这个时候要立刻停下，重新找到自己的拼搏时刻，科学安排工作内容。

知道在什么时间段安排什么样的工作，也就找到了发力点。

来研究一下自己的集中力模型吧。

为各个时间段安排不同工作

把一天的时间分为 5 个部分，对应不同的工作类型，看下在哪个时间段安排哪些工作最有利于集中注意力，提高效率。

```
┌──────── 我自己的情况 ────────┐
│                              │
│ 充电 ············· 早上9时之前  │
│                              │
│ 脑力输出 ·········· 9时到12时   │
│                              │
│ 体力输出 ·········· 12时到17时  │
│                              │
│ 脑力输出 ·········· 17时到20时  │
│                              │
│ 放松大脑 ·········· 20时到0时   │
│                              │
└──────────────────────────────┘
```

有干劲！ 发呆

在大脑集中力最高的时间段，安排"最重要"和"最困难"的工作，可以提高效率。

4 周三和周五，不接受其他人的安排

工作越是紧张，越要留下准备时间

你们在制定工作日程的时候，会为"准备工作"留下时间吗？

我在做演讲或者研讨会的时候，经常向听众问这个问题，虽然每次都会有两到三成的人举手，但是大部分的人会对此感到惊讶。"工作已经这么忙了，还要留出'准备时间'，这不太现实吧？"

确实，每分每秒都很宝贵，似乎根本没有时间可以"准备"。

"准备时间"听起来好像是一种偷懒，但实际上，这个恢复期对于改善工作倦怠是很必要的。

　　在工作安排满满当当的时候，最可怕的事情就是发生"多米诺骨牌效应"。

　　其中一件工作突发变故，接下来的工作受到影响而延误，甚至整个工作安排全被打乱，各种工作都被影响，全线延误。

　　我刚开始做咨询师的时候，很乐于看到工作量不断增加，沉醉于预约表被排得满满的状态。

　　但是有一次在为客户完成企划书的时候遇到了麻烦，我原本以为1个小时就能搞定的工作，用了两天的时间还是一页都没完成，工作陷入了麻烦。

　　工作并不一定像你所想象得那样顺利。

　　有时候你认为留下这么多时间，应该够了吧？但实际上需要的时间会更多。

　　所以在不同的工作之间，一定要留下充足的准备时间进行衔接和调整。

🌀
每周两次准备时间是理想状态

我把每周三和周五定为准备时间日。

做这个决定应该 1 分钟都不用吧。

对于那些习惯留下准备时间的人，我曾经问过他们通常把一周中的哪一天作为准备时间，其中大概八成的人回答我是星期五，用这一天为下周的工作做好调整。

这种安排肯定是没问题的，但是一周有五个工作日，只用星期五一天作为调整日，就需要在这一天内对所有被延误的工作都进行修正，使它们回到正轨。

积累了五天的问题，要在一天内解决，压力还是很大的，时间也很紧迫。

如果把周中的周三也设定为调整日，那么每过两天就可以对发生的问题进行修正，压力会小得多，需要的时间也会少很多，尽早对问题进行修正，也可以尽快拿出工作成果。

比如在周三的上午和周五的下午，各拿出 90 分钟左右的时间，这种节奏是比较理想的。

留下准备时间和不留准备时间

如果在完全没有准备时间的状态下，就进入周末，那些没有完成的工作，只能顺延到下周，导致工作像雪球一样越积越多，很可能会出现问题。

如果一周内有两天的时间用来做准备工作，就有机会对延误的工作进行补救，按照计划完成工作安排。

如果希望工作能够顺利推进，那么就不要过分自信，不要把时间卡得太紧，应该留出一些空余的时间，随时准备应对突发情况。

每周一开始的时候，就需要确认工作是否排得过满，同时在适当的时间段留出准备时间。

准备时间也应该堂堂正正地排入时间表。它的重要性与其他的工作时间是一样的，不能取消，不能延后，不能调整。

然后在预设的机动日当天，工作开始前用1分钟的时间看一下今天要做的工作，考虑一下准备时间应该安排在哪个时间段，这样灵活安排，可以确保时间被充分利用。

提前计划，时刻准备，对于尽早收工是必不可少的。

5 根据工作内容确定准备时间

预留时间越充分，工作成果越显著

你是如何对工作所需的时间做出预估的呢？

是不是基于经验，得出一个"大概"的时间？

殊不知这种"大概"的时间观念是工作的大敌。

就算制订了计划，工作过程中都会出现各种问题和意外，更不用说只是有一个大概的计划了。

无论做什么工作，都要对所需时间进行预估，在此基础上制作时间表，是最基本的要求。

对工作所需时间做出预估，基本需要两步。

1 对工作进行因数分解，制订计划

就像前面第 60 页所说的，越是宏大复杂的工作，越要分解成较小的行动单位，这样可以有效地消除不安和畏难情绪，使工作推进得更加顺畅。同样的，对工作进行细分，也有利于准确预估时间。

比如"制作提案书"这项工作，可以分解为：1 个小时搭框架，1 天收集资料，半天创作战略内容，半天修正文字。有了这样的计划，每个时间段要做什么就变得更加具体，行动也就有了方案，可以依此实施。

2 在预估时间上加入预备时间

如果按照完成工作最起码所需的时间来制订计划，只要稍微出现点什么问题，就可能导致日程后延，影响其他工作，而且就算在工作的过程中有了新的想法，觉得"这样做可能更好"，但是由于时间有限，最终只能放弃。

为了避免发生这种情况，我们既要基于因数分解来制订工作计划，又要把准备的时间算在里面，这样预估出来的时间才更有可行性。

大致换算下来，将预估的时间再乘以 1.5，这样比较合理。

也就是说，当你认为一项工作需要 1 个小时，那么就要乘以 1.5，预留 90 分钟的时间。这其实就是将 30 分钟的准备时间包含在内。

在制订工作日程的过程中，我们不再凭借感觉和"大概估算"，而是向前迈出了重要一步，采取了"因数分解 + 准备时间"的计算方式。

预估时间中加入准备时间

将工作延迟的可能性考虑在内，同时加入准备时间，我们将预估的时间乘以 1.5 会比较安心。

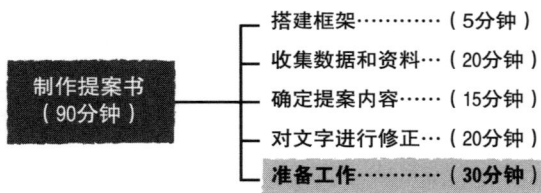

```
                    ┌─ 搭建框架…………（5分钟）
                    ├─ 收集数据和资料…（20分钟）
  制作提案书          ├─ 确定提案内容……（15分钟）
  （90分钟）          ├─ 对文字进行修正…（20分钟）
                    └─ 准备工作………（30分钟）
```

PM3:00

> 60分钟差不多，乘以1.5就是1个小时
>
> 大概多久能做好？
>
> 好的，那就1个小时
>
> 1个小时差不多

PM3:50

> 做好了
>
> 哦，动作很快嘛，只花了50分钟，谢谢

如果能够提早完成，还可以得到上司的好评。

6 让属于自己的时间更多一点

不要被眼前的计划过度束缚

制订了严谨的计划，预留了准备的时间，于是这份计划就占据了自己全部的注意力，再也无暇去顾及一些长期的计划。

当我们将注意力集中于眼前的工作时，那么除了这份短期的工作任务，其他的事情就很难进入我们的视线。

按时间来分，工作包含短期工作和长期工作两种类型。

为了提高自己，我们还需要学习和充电，为了保持身体健康，运动也很重要。这些工作之外的活动，从长远看来，对于我们的工作也是十分必要的。

四种时间安排

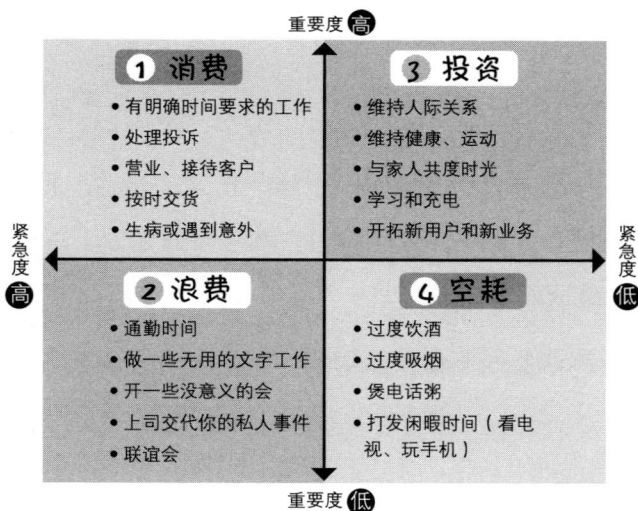

重要度**高**

❶ 消费	❸ 投资
• 有明确时间要求的工作	• 维持人际关系
• 处理投诉	• 维持健康、运动
• 营业、接待客户	• 与家人共度时光
• 按时交货	• 学习和充电
• 生病或遇到意外	• 开拓新用户和新业务

紧急度**高**　　　　　　　　　　　　　　　　　　　　　　紧急度**低**

❷ 浪费	❹ 空耗
• 通勤时间	• 过度饮酒
• 做一些无用的文字工作	• 过度吸烟
• 开一些没意义的会	• 煲电话粥
• 上司交代你的私人事件	• 打发闲暇时间（看电视、玩手机）
• 联谊会	

重要度**低**

❶ 消费：重要且紧急

❷ 浪费：紧急但不重要

❸ 投资：重要但不紧急

❹ 空耗：不重要且不紧急

如果只埋头于眼前的工作，那么就很难有长远的进步，随着岁月的流逝，增长的只是年纪而已。

如 117 页所示，时间安排可以分为四种类型。

① 重要且紧急的时间

所谓重要且紧急的时间，就是指那些为了不得不做的事情而消费的时间。

② 紧急但不重要的时间

所谓紧急但不重要的时间就是指那些为了无法避免又不好控制的事情而浪费的时间。

③ 重要但不紧急的时间

所谓重要但不紧急的时间，就是指那些并不是马上非做不可，但是对于自己或者今后工作都非常重要的投资的时间。

④ 不重要且不紧急的时间

所谓不重要且不紧急的时间，就是指那种完全可以避免、纯属浪费的时间。

工作过于忙碌，那么①②④特别是①类和②类时间安排往往会占比过多，长时间下去就算完成了再多的工作，个人能力也无法得到提升，培养独立性也无从谈起。

学习一些商务英语知识，为了提升自身修养而加入一些读书会，为了长期工作增强体力而进行一些锻炼，与下属进行谈心谈话，对未来进行思考，这些事情全都十分重要。

细想起来，这些长期投资才真正决定你的未来。

要事先预留出思考的时间

最近我常收到这样的提问或者咨询："我也想仔细思考，但是没有时间呀。"

在制定工作日程的时候，把自己用于思考的时间也考虑在内，这是十分重要的。

我把这种时间称之为"自我会议"，每过一段时间就会在工作日程中加以体现。

这种自我会议的重点在于自我和长期。无论关于人生的还是关于工作的，那些对于自己而言非常重要的事情，我们有哪些长期的思考和观察，都可以在这个过程中好好整理，这有助于我们对一些长期问题做出决断。

微软的创始人比尔·盖茨有一个习惯，他会在每年都拿出一周的时间作为"思考周"。

从年轻时候开始，无论多么忙碌，他都会拿出一周的时间，完全脱离工作，独自一人放飞思绪，思考自己的目标和梦想。

微软公司的很多新业务，都是基于这段时间产生的新想法，可见这个思考时间拥有多么强大的能量。

无论多忙，我们也要拿出哪怕只有 1 分钟来对自己的时间进行整理，而不是每天只为了完成工作日程而忙碌。

这很大程度上决定了你能够多大程度发挥自己的能力，对于自己的事业和人生拥有多大的主导权。

第 **4** 章

"交流术"
助你提高效率，
不做无用功

1

交流所需的一个准则与三种原则

🌀
说话冗长的人实际是为公司制造损失

有些人明明 1 分钟就可以说清楚的事情，非要说上 10 分钟。

这时候听他们说话的人，实际上人生中的 9 分钟就被浪费了。他们如果 1 天谈上 10 次，每次谈 10 分钟，就产生了 90 分钟的无效时间。

这种谈话不但对自己是种浪费，也会使对方工作效率下降。

在工作场合的谈话需要简洁、简短，相互尊重。

在最短的时间内把要说的事情说清楚，不要浪费时间。

避免无效谈话，需要遵循一个准则与三种原则。

◎ 在谈话之前先考虑 1 分钟

所谓一个准则，就是不要立刻开始谈话，而是先要整理一下思路。

当我们进行一些商业会谈，或者在会议上做介绍的时候，事先一定会想好自己需要说什么，需要表达什么，其实在平时说话的时候也应该先拿出 1 分钟，确认一下自己要传达的要点是什么。

我推荐把自己想说的要点一条一条地列出来。如果想到哪里就说到哪里，对方可能无法理解你想传达的重点。就算你的语言表达能力很强，这样谈话的脉络终究不够清晰。

在谈话之前，并不是仅仅先要在头脑中对谈话内容打一个草稿，而是要有一个简单的条目式的大纲。

大纲中的每一个条目对应谈话的一个要点。与在脑海中打草稿相比，这种谈话方式往往更加顺畅且容易理解。

即使谈话的内容比较多，列出三个要点也就差不多了吧。

按照认知心理学家的说法，我们一次能够容易记住的内容基本不超过三个。

无论从说的角度来想，还是从听的角度考虑，谈话内容在三个左右，都是比较合适的。

🌀
整理思绪，说话简短、简单、直接

所谓三原则，就是谈话要简短、简单、直接，不要废话。

我把它称为 3S 原则，也就是 Short , Simple , Straight 三个词的首字母。

坚持这三项原则，就可以使谈话更加迅速易懂。

我们将在下章对这三个原则进行解读。

与此同时，与 3S 原则相反的则是冗长、复杂、絮叨，这是导致谈话被拉长的主要原因。我们不妨都做个自我检查，使谈话的时间越来越简短。

对于谈话来说，考虑如何表达观点之前先要思考如何整理思路。

核心问题就是如何提高效率避免浪费。

2 用短句子表达自己真正想说的内容

短言短语可以提高表达效果

在 3S 原则中，排名第一位的就是 Short。

其实我们每个人，都对别人难以保持长久的兴趣。谈话时间越长，我们的兴趣就越低，注意力就越难以集中。

如果有事情想说，那么谈话的要点就要放在自己想说的内容和对方到底有什么关系上，然后简要、紧凑地把话说清楚。

说话越短，理解越深，重点越突出。

话说得越长，对方越不知道你的重点在哪里。话如果说得短，那么你的一字一句都可以为对方留下很深的印象，也更容易被记住。

·无意义的话越多，表达力越弱，理解越难

·条理清楚废话少，表达力强，很容易被理解，很容易被记住

我们把话说得很长，是因为我们一下子想把所有事情都表达出来。建议从这种状态里摆脱出来，在说话之前用1分钟的时间，对谈话的"量"（也就是时长）进行调整。

是要把自己想说的话全都说出来，还是只表达一个大概的意思，还是需要把要点表达出来。在不同的状况下，面对不同的对象，我们如果采取同样的表达方式，很可能话说了很多，但对方完全没有领会到精髓。

原则1	说短句子

把自己想说的话一股脑说出来，那么谈话难免会很长。建议把谈话想象为发微博，只用简单、简短的句子。

平时不妨做一些缩写练习，比如把自己读过的书或者看到的新闻，用"微博体"写出来。

| 原则2 | 30字凝炼主题 |

如果时间紧张或者内容复杂，建议思考能否用30个字把自己想说的要点讲清楚。

而且为了让理解更加全面、迅速，不妨在谈话一开始就开宗明义。所谓开宗名义，就是要用要点的形式很简短地表达最重要的内容。

| 原则3 | 一言以蔽之 |

在强调最重要的内容时，最好只用一句话来概括。所谓一言以蔽之，比照原则2还要再缩短一半，最好用15个字就能说清楚。

为了给对方留下清晰的印象，话越短，效果越好。不但能够瞬间表达自己想说的内容，还很有冲击力。

人们总是担心，话如果说得太短，会不会表达不够充分。

切记一点，就像前面所说的那样，让对方"能够听进去"比什么都重要。

很多新闻网站上的新闻标题不能超过 13 个字。只需要 13 个字，不但意思可以表达清楚，也更容易留下印象。

这充分证明了话虽少，但效果好。

学会长话短说，根据情况对谈话时间进行调整，这不但能够让自己早点下班，而且也不耽误同事的时间，从而帮你赢得大家的好评。

不言而喻，谈话的内容是最重要的。

但是我想要提醒大家的是，除了内容，谈话的时长同样很重要。

正如前面所说的，更短的话语，往往更容易被对方所接受。

这不但对你是件好事，对方也会因此受益。

对于对方来说，你说的话更容易理解，不必听无用的废话，也节省了时间，可谓一石二鸟。

所谓交流，本来就应该站在对方的立场来考虑。

这不但从表达的立场来讲是好事，同时也能节约时间，从对方的角度来看也很重要。

长话短说的三大要点

STEP ❶ 不超过140字

我的强项是将客户面临的很多个复杂问题进行梳理,使头脑中的思路从混乱走向清晰。刚才就像池上彰先生所说的那样,将复杂的事情简单化,同时加以说明。让能够帮助我解开客户面临的难题,也使明天的工作变得更加轻松。

(约135字)

STEP ❷ 不超过30字

头脑中形成简单易懂的说明
(约20字)

STEP ❸ 一言以蔽之

成为"思想的整理大师"

思路清爽

我的强项是将客户面临的很多个复杂问题进行梳理,使头脑中的思路从混乱走向清晰。刚才就像池上彰先生所说的那样,将复杂的事情简单化,同时加以说明。这不但能够帮助我解开客户面临的难题,也使明天的工作变得更加轻松。

千头万绪

3 "PREP"法则，帮你说话简单点

🌀 就算不善言辞，也能说得很好

谈话 3S 原则的第二个 S 是 Simple，也就是简单。

所谓简单，就是让你的话变得简明易懂。

我曾经与一位年收入数千万日元的顶级销售经理进行过交流。

我原本以为挣钱能力这么强的人，说起话来该是滔滔不绝。然而事实让我大吃一惊，对方绝对不属于健谈的人，看起来也并不是那么自信，甚至可以说有些木讷寡言。

在交谈的过程中，我的心情经历了巨大的起伏。一开始我担心这么沉默寡言的人，真的适合做销售吗？然而，针对我的需求，对方总能一针见血且恰如其分地说出非常有说服力的话。在谈话接近尾声的时候，我感觉自己马上要在合约上签字盖章了。

为什么这样不善言谈的人反而能有如此强的说服力？能够紧紧抓住我的心呢？

我向他提出了我的疑问。他回答我说，无论什么时候，他都是用同样的方式来说话的。在推销的时候，在演讲的时候，在私下的时候，他组织话语的时候都遵循着同样的原则。

这就是所谓的 PREP 法则。

⊚ 只需简单套用公式

所谓 "PREP" 法则，P 是 Point，即要点、观点；R 是 Reason，即原因、理由；E 是 Example，即事例；最后一个 P 是再次重申结论 Point。

只需要把自己想表达的内容套用到 PREP 的法则之中，易于理解又有说服力的解决方案就自动生成了。

让我们依次来看一下吧。

① Point(要点、结论)

先说结论。

在工作中，结论（最想传达的最重要的信息）比什么都重要。

在上学的时候，我们学到的知识是在组织谈话内容的时候，要遵循"起承转结"的顺序（按照事件的发生、变化与发展，最后得出结论）。

而在时间非常宝贵的商业场景下，如果将结论放在最后说，中途对方可能会怀疑你到底想说什么，是不是在浪费时间。

为了让双方对谈话的主题尽快达成共识，一开始就抛出结论是十分必要的。

图解PREP法则

Point（结论）
走路不要看手机。

Reason（理由）
容易撞到别人很危险。

Example（事例）
前两天我的同事就撞到别人了。

Point（结论）
所以，绝对不要走路看手机。

PREP
是~

嗯嗯

　　熟练掌握 PREP 公式，就能在最短的时间内把事情说清楚。

② Reason 理由

说完结论，就要说明得出这个结论的理由。

如果只有结论，没有理由，那么显然欠缺说服力。

这个理由必须容易理解，又很客观合理。否则就只是个人观点，不足以形成理由。

寻找兼具客观性和合理性的理由，可以参考第三方的数据公司、过往业绩、政府部门的数据、公司内部权威资料或者其他基于事实和数字的证据。

③ Example 事例

然后就该介绍事例了。通过了解事例，人们会更有切实感。

举个例子：走路最好不要玩手机（结论），因为容易撞到人，很危险（理由）。这种表达方式的说服力远远不如：走路最好不要玩手机（结论），因为容易撞到人，很危险（理由）。前几天，我部门的一个同事就是因为走路玩手机，在车站撞到别人，还把对方撞伤了，很麻烦（事例）。听到后面这个故事的人，应该会更加注意。

④ Point（重申结论）

结论总是最重要的。

因此，最后要重申一下结论，在对方的脑海中加强记忆。

掌握了 PREP 的公式之后，我们就拥有了向对方迅速输出观点的武器。

培养表达能力是需要时间的，但是只要掌握了这个公式，谁都可以在最短的时间内厘清思路，做到精确表达。

因此，想要说话简单点，请务必试试 PREP 公式。

4 语言要能指导行动

说话不仅是表达，更要传达到位

谈话3S原则的第三个S是Straight，也就是直接。

所谓直接，就是对方无须仔细思考，瞬间就能明白你的意思。

具体说来就是把你想要对方做的事情直接表达出来，比如希望对方采取什么行动（请求或指示），或者说明自己要采取什么行动（计划）。

如果对方听了你说的话，感觉"虽然明白这个人的意思，但是不太清楚到底应该怎么做"，那么从谈话结束到实际采取行动之间就有一定的"时间差"。

实际上，有一些话说了等于没说，

对实际工作的推进完全没有帮助。(见 145 页)

对于这种类似于喊口号的空话,要特别注意,因为它们与实际行动之间没有关联。可能最终结果是口号喊得震天响,实际行动啥也没有。

如果语言不能明确指导行动,结果可能什么也不会改变。

增强"直球"威力的三个诀窍

让你的沟通变得更加直接,这里有三个小诀窍。

1 从一开始就要言之有物

表现方式要具体,对方听到你的话,不用在脑海中翻过来覆过去地思考,瞬间就明白"这个人想要这样做",或者"这个人希望我这样做"。

2 遵循 5W1H 原则

为了使你表达的内容更加清晰具体,建议遵循五个 W 和一个 H 的原则,也就是在谈话中说清楚,何时（When）何地（Where）何人（Who）何事（What）为何（Why）以及如何（How）去做。

如果涉及与预算有关的话题，还要再把多少钱（How much）加进去，也就是五个 W 和两个 H。

3 用数字增强表现力

学会运用数字，可以让你的表达不但直接，而且更加具体，避免被误解误读，变成无效的行动。比如，与"本周我们要强化对用户的走访"相比，"本周我们要将走访用户数量从上周的 10 家增加到 30 家"显然效果更好。

此类可以帮助你提高工作效率的话术，不仅要从说话人的角度来思考，还需要站在对方的角度思考，能否瞬间就将接收到的信息转化为行动。如果事先考虑不周，信息难以准确传达，最终会导致行动的时效性难以保证。

对提高效率毫无用处的空话

避免这些明明是动词却无法唤起行动的表达方式

- **讨论** ➡ 1周之内做出判断，并向上司报告
- **共享** ➡ 形成会议纪要，下午5点之前通过邮件发送
- **学习** ➡ 形成文字，每天晨会宣读，并在展板上展示
- **实行** ➡ 10人1组，10月1日开始在两周内走访30家公司
- **贯彻** ➡ 每天开始工作前先确认目标，对未完成目标进行公示，24小时之内提交改善方案，同时对个别人员进行指导

5 开会，第一分钟决定胜负

会议质量决定生产效率

在工作中，开会是必不可少的重要环节。

由于有很多人一起参加，会议进程并不由自己掌握，如果进展不顺利，我们难免会产生一种在浪费时间的焦虑感。

也常听到有人说：我又不是领导或者主持人，会议如何与我无关。

会议确实总让人感到有些效率低下。

然而，如果会前准备做得好，就可以有效减少冗余的会议时间，提高生产效率。你需要一份会议的"TO DO LIST"。

"TO DO LIST"是会议必备品

当会议要讨论多个议题的时候，为了高效推进，我们在会前要做好准备工作，对会议所需时间和发言人进行梳理，与会议的主持人或者上司进行商议，形成议程清单。

上司和会议主持人肯定希望能够提高会议效率，所以你的建议很可能会被采纳。

确定之后，在会议开始的第一分钟就要和与会各方说明会议的内容，达成共识。

此后，只要按照会议的"TO DO LIST"清单推进，一旦偏离主题就及时调整，从而确保会议效率，减少浪费时间。

会议 "TO DO LIST" 需要效率至上

一份高质量的会议"TO DO LIST"，需要分两步走。

STEP1	优先讨论容易处理的议题

"TO DO LIST" 清单决定着会议的推进方式。

首先，要写清楚此次会议讨论什么议题，谁将在会上发言，每个人的发言时间，议题的紧急程度等。

然后，调整清单上的议题和发言顺序。

为了确保效率，一个基本原则是把紧急程度比较高、需要解决具体问题的议题往后放，先解决那些比较轻松的议题。如果会议一开始就讨论那些重头议题，容易陷入胶着状态，拉长会议时间，最终会上可能一个问题也没能解决。

所谓"轻议题"，是指那些会前已经达成共识，只需在会上做个汇报的议题，而所谓"重议题"，是指那些比较难得出结论的议题，比如讨论营销战略和改革方案等。

会前准备工作完成之后，别忘了和上司及会议的主持人进行报告，获得批准。

STEP2	把"TO DO LIST"写在白板上

"TO DO LIST"清单得到批准之后，建议把它写到会议室的白板上。如果没有白板，也可以把它打印出来。

这样做的目的，是使每个人都明确会议的流程，也使发言者意识到自己占用的时间。如果设置响铃来提示发言时间，防止超时的效果会更好。

因此，在会议开始的第一分钟，我们就要向与会者说明会议安排，共享会议流程，请大家理解发言时间是有限制的。

自己独立完成的工作需要"TO DO LIST"，需要多人共同参与的会议很多时候反而会缺少计划。其实无论是独自完成的工作，还是多人参与的会议，"TO DO LIST"都是十分重要的，把工作做在前面，可以切实提高效率。

6 用"答题纸"引导与会者发言

🌀 会议中的沉默是对时间的最大浪费

会议过程中经常出现这样的场景：谁也不发表意见，大家都保持沉默。这无疑有些浪费时间。

有时无论重复多少遍"发言请举手"，空气中依然漂浮着静默的气氛。

就算有领导参加，或者有一些活跃人物发言，但是仍有不少人属于就算有意见也很难说出口的类型。

会议是为了交流意见，沉默会浪费时间。

要想鼓励与会者各抒己见，避免会议陷入沉默，会前准备工作可以发挥作用。

无论说多少次:"发言!"也总有人不说话,就算改成:"把意见写下来!"也会有不少人不动笔。

所以我推荐让与会者在会前就动笔,然后带着意见参会。如果由你担任会议的主持人,那么可以在会前几天就打印意见征集表,然后请大家携带表格参会。

这样就可以有效预防会议陷入沉默状态,减少时间浪费。

意见征集表必须填写和提交,但是无须署名,这样做的目的是让大家在会前通过笔头的形式做好发言准备,使发言更加顺畅,使会议言之有物,重要的是意见本身,而不是谁说了什么。

就算你并非会议的主持人,我也建议在会前整理思路,写下自己想表达的内容,防止无话可说。

要求大家会前用 1 分钟写下自己的思路,就可以做到有备而来,表达无忧。

如果大家都带着意见征集表上会,会不会造成照本宣科,使会议形式十分死板?

我们的首要任务是防止会议陷入沉默,减少时间浪费。在这个前提下，就算一开始会造成照本宣科的局面，但重要的是使大家都张口说话。这样就有可能引发新的讨论。

可见，会前的准备工作确实会极大地影响会议质量。

各抒己见

比较实际的意见	(例)·对员工的加班时间 　　进行排名公示 ·缩短会议时间
较难推行的意见	(例)·完全取消文本作业 ·补充人员
纯属放飞的意见	(例)·实行每周休息三天常态化 ·根据减少加班的程度增加 　　奖金

7 要使各种交流工具为我所用

🌀 智能时代虽然便利，但也有弊端

近年来，微信、微博、网络社区等交流平台日益丰富，周围随处可以连接无线 Wi-Fi，沟通正变得越来越方便。

但是另一方面，这个智能时代也有一些副作用。

我们用来交流的工具种类太多了，有时候反而会遗漏一些信息。

以前可不会发生这种情况。

我与长期合作的生意伙伴通常在 Facebook 和 LINE（一种聊天软件）上保持联系，工作喜欢发邮件，一些琐碎的小事则习惯记录在 Facebook 上。

有时候我发出去的预约信息,过了好几天都没有回信。打电话过去确认,对方称,无论是邮箱还是 Facebook 上都没有收到信息。这时我才发现原来信息发到了一个对方很少使用的账号上。这种情况通常都是和其他人聊天之后忘记了切换账号造成的。

这种由于交流工具或账号过多引发的混乱,很容易导致信息被遗漏,不但给别人添麻烦,也浪费了自己的时间。

因此,在享受智能化发展带来的便利的同时,我们也有必要为交流制定一定的规则,这可以在很大程度上避免类似混乱状况的发生。

应该如何区分不同的交流工具?

我们可以把交流分为"传统"和"数字"两种形式。

所谓传统形式,包括面对面交流、打电话、写信、张贴告示、制作展版等方式。

所谓数字形式,则包括短信、社交软件、网络聊天等方式。

当然，这二者之间并不存在严格的界限，但是你需要根据实际情况，对他们加以区别。这样就可以避免"我上次是通过什么和他联系的？""上次说了什么？我找不到聊天记录了"这样的情况发生。

为交流工具制定使用规则，出发点和落脚点都要与交流的目的相对应。

也就是说，要考虑你和对方的实际关系。比如对于客户，一上来就发短信就显得不够礼貌。再比如对于公司同事，除非是必须留痕的工作，否则有什么事情还是面对面交流比较好。

就我个人而言，在对外联络的时候，通常按以下方式进行区分。

·只需确定时间，往往用短信或微信。

·重要的业务往来，最好通过电子邮件留下记录。

·如果需要传递的内容比较复杂，比如请对方确定一份提案书，那么往往选择电话或者面谈。

·如果是需要解决问题，或者对方是非常重要的客户，我会选择拜访。

不同场合使用不同的交流工具

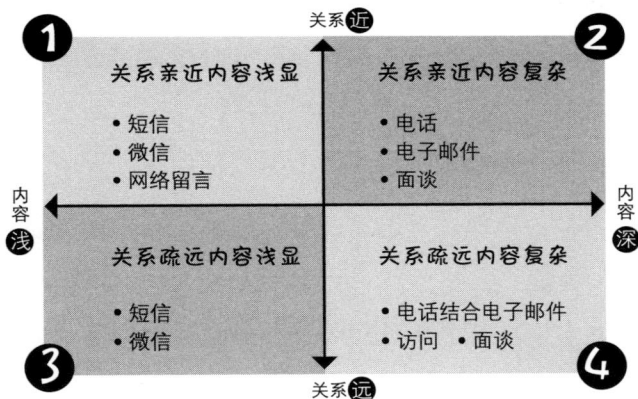

1 关系**近**

关系亲近内容浅显

- 短信
- 微信
- 网络留言

内容**浅**

关系疏远内容浅显

- 短信
- 微信

3

2

关系亲近内容复杂

- 电话
- 电子邮件
- 面谈

内容**深**

关系疏远内容复杂

- 电话结合电子邮件
- 访问 • 面谈

4

关系**远**

选择不同的交流工具

　　根据谈话内容以及你和对方的关系来选择交流方式,这样才不至于失礼。对于我来说,采取第一类联络方式有两大前提,一是事先你就知道对方大概率会同意,二是你们的个人关系或者生意关系十分亲近。

只要事先确定好规则，就可以灵活决定在什么时候采用什么交流工具，当有什么情况发生时，只需 1 分钟就可以判断应该如何应对，并且迅速采取行动，避免浪费时间。

此外，在交流之前，花上 1 分钟回顾一下上次交流的内容，整理一下思路，不但能够提高效率，还可以减少失误。

要实现高效工作，减少浪费时间，事前的 1 分钟准备工作可谓至关重要。

第 **5** 章

行动派的
"行动术"

1 将目的和手段统一起来

永远不要忘记"为什么"

不停地拜访客户，但是订单的数量并没有增加。

好不容易写出了 30 页的提案书，但是领导却看都不看。

类似这样冥思苦想、付诸行动，却没有结果的经历，你是否也曾经有过？

这主要是由于我们在行动的时候手段和目的都不足够明确。

目的和手段的定义，可以概括如下。

·目的：最终想达成的目标，想做的事情——为什么？

·手段：达成目标所采取的方法——怎么做？

所有的工作都必然有一个目的。"大费周章，究竟是为了什么？"

如果不理解工作的目的，也就无法采取恰当的行动。

你可能会觉得"根本无须向我强调目标的重要性，这是理所当然的"。然而，随着工作越来越多，这种观念意识可能会越来越淡薄。

比如说，为了增加订单，你可能要增加走访用户的次数。

这时候你的目标和手段分别如下。

· **目标：增加订单**
· **手段：增加走访的次数**

然而，随着你将主要精力都放在走访用户这件事情上，这件事就成为了你工作的主基调，原本的手段在不知不觉间变成了目标。

· **目标：增加走访的次数**
· **手段：不厌其烦地打电话**

这时候，原本的目标意识已经淡化，我们因此陷入一直很忙碌，却看不到成果的状态。

"误将手段当成目标"是一种危险状态

那些工作效率很高，可以按时下班回家的人，通常对目标和手段有正确的判断。

我们依然举上面那个例子，如果对目标有着正确的理解，那么随着走访次数的增加，却没有看到成效，我们应该考虑是不是开一个业务研讨会？看一下，为了达到目标，需要采取哪些更有效的行动（如163页所示）。这可以帮助我们更快地看到成果。

为了不迷失目标，我们每天早上都要在"TO DO LIST"上写清楚，这项工作的目标是什么？手段是什么？也就是先列出工作内容，然后在旁边标上目标和手段。

每天都要在脑海中巩固一遍，防患于未然。

防止混淆目标和手段

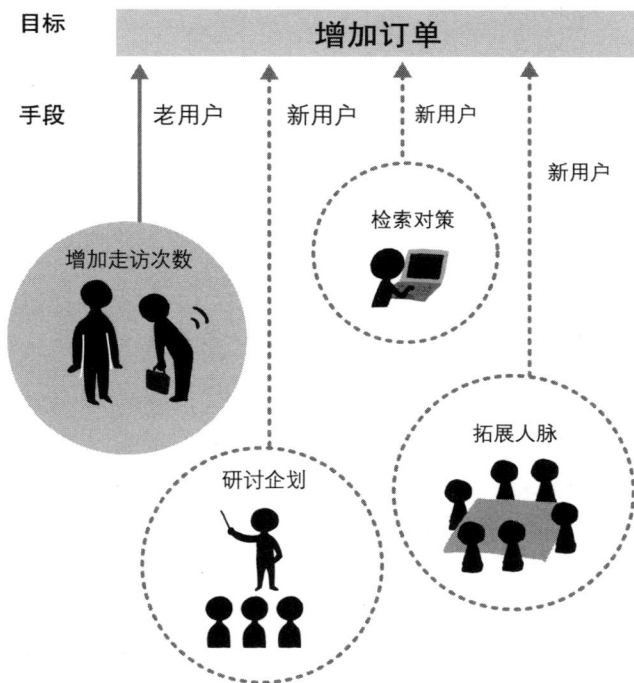

目标 ┃ **增加订单**

手段 ┃ 老用户 ┃ 新用户 ┃ 新用户

新用户

检索对策

增加走访次数

拓展人脉

研讨企划

既然目标是增加订单数量，那么不仅要走访老客户，更要考虑如何用各种手段开拓新用户，从而更快达成目标。

2 树立工作目标讲求 "SMART"

🌀
如何树立明确的目标

　　有些人明明很努力，却总是无法按时收工，这类人通常将工作目标设定的十分模糊。

　　就好像你坐上一辆出租车，如果只是告诉司机"就往那边开吧"，那么司机很可能不知所措，准确说清自己要去哪条街、哪栋楼是非常重要的。
　　工作也是如此。

目标越清晰,行动越明确,工作见效越快

"目的"和"目标"是不同的概念。

所谓目标,是为了达成目的而采取的更加具体的行动,有时我们会树立阶段性的目标。换言之,是要为行动明确方向。

经常有人问我,虽然他知道确定一个明确的目标很重要,但是却不知道应该怎么做。

那些职场达人在确定工作目标的时候,往往遵循"SMART原则"。所谓"SMART",是指你在树立工作目标的时候需要从五个角度思考,即具体(Specific)、量化(Measurable)、共识(Agreed upon)、现实(Realistic)、及时(Timely)(具体如163页图所示)。

下面就让我们依次来看一下。

🌀
从五个角度进行思考

我们用一分钟的时间来梳理一下，确定工作目标所需要的五个"SMART"角度。

1 S（Specific）具体化了吗？

目标不是一个模糊的概念，越具体越能发挥作用。为了强化目标意识，具体化是一个十分重要的原则。

2 M（Measurable）将语言量化了吗？

"具体化"的内核是"数值化"。

比如你想要减肥，只制定"夏天要瘦下来"这个目标就过于模糊，需要通过数字的方式将其量化，例如"3个月内减掉3公斤"。作为手段，也不要说"每天跑步"，而是要说"每天早上6点在附近的公园里慢跑3圈"，把时间、地点以及锻炼的内容全部进行明确，这样就没有偷懒的余地了。

3 A（Agreed upon）达成共识了吗？

征求工作相关各方的同意是非常重要的。

如果在没有取得同意的情况下就推进工作，会导致对方的积极性不高，也许会"起个大早但是赶了个晚集"。让对方以积极的心态开展工作是十分重要的。

在征求对方同意的同时，更重要的是自己也要"心甘情愿"。如果想着"既然是领导确定的目标，不愿意也没办法""定这么高的目标，多半没办法实现"，那么在工作的过程中也会一直心怀不满或者不安。

这种时候你需要认真思考，为什么要力争实现这样的目标？

在追求目标的过程中，我们可以学到新的技能，发现自己的强项，因此目标本身就是一种机遇、一种挑战，要从对自己有益的角度去理解。

4 R（Realistic）符合实际吗？

如果目标定得过高，过分脱离现实，这样的工作任务"无论如何努力也没戏"，面临着失败的风险。

一个年收入 500 万日元的人，把来年的目标定为"挣上一个亿"，这样的目标显然一点也不符合实际。一个英语水平只相当于初中一年级的人，希望自己下个月就可以像使用母语一样熟练掌握英语，这种目标显然也毫无意义。把目标定得过高，容易使自己倍受打击，陷入自我厌恶的状态。

5 T（Timely）给行动加上时限了吗？

目标是需要加上时限的。时间不能是随意确定的，需要考虑多种因素的制约，包括工作时间、公司要求以及客户的需要等。比如你将营业金额的目标定在1000 万日元并且确实达成了，但公司的要求是 1 年完成，你却用了 3 年，这样的业绩显然是不符合要求的。

无论对于什么业务都是如此。

所以我们还要加上时效性这条标准，明确"在什么时间范围内完成怎样的目标"。

比如"在 2021 年 10 月 30 日下午 5 时的报告会之前，完成新发展三家客户的目标"，这样就给目标一个确定的时间期限，从一开始就很明确。

如果自己可以控制工作的节奏，那么就要再加上时效限制。没有时效限制，人们就会逐渐倦怠，如果有具体时间实效要求，心中就会有一个截止日期的概念。

何为"SMART"?

"SMART 原则"是指树立工作目标需要从五个角度思考，即具体（Specific）、量化（Measurable）、共识（Agreed upon）、实际（Realistic）、时效（Timely）这五个英文单词的首字母。

S（Specific）⋯⋯⋯⋯⋯具体化了吗?

M（Measurable）⋯⋯⋯⋯将语言量化了吗?

A（Agreed upon）⋯⋯⋯⋯达成共识了吗?

R（Realistic）⋯⋯⋯⋯⋯符合实际吗?

T（Timely）⋯⋯⋯⋯⋯⋯给行动加上时限了吗?

给自己一个试用期

千里之行，始于足下。——老子

做很多不起眼的小事，是通往伟大的唯一途径。——铃木一郎（注：日本著名棒球选手）

这是我很喜欢的两句名言。无论多么高远的目标，也都要从眼前的小事做起，逐渐积累才能达成目标。

换言之，无论你多么努力，事情也不可能一蹴而就。不急不躁，小步快走，这反而是快速完成工作的诀窍。

但是如果连最开始的一小步都失败了，你会怎么想？

这个时候不妨转换一下思路。不要总想着一下子就"正式起跑"，而是给自己留一段时间作为"试用期"。"试用期"是一个探索的阶段，帮你寻找最适合的方式方法，如果失败就立刻修正，在正式开工之前先"彩排"一下。

通过短期内不断地尝试和调整，可以降低失败的

风险。随着风险下降，真正迈出第一步时的恐惧心理
也会减轻。特别是面临难度较大或者全新的工作时，
内心非常不安，不如先暂停 1 分钟，为自己设定一个
"试用期"吧。根据自己的心理状态，这个"试用期"
可以是 3 天，也可是 1 个小时，甚至更短。

　　在 1 个小时的范围内，失败的代价很小，这种心
理安慰可以帮助你更快迈出第一步。

3 复制优秀的工作方式

❻ 不要执着于方法，效果更重要

工作效率难以得到提高的人有一个共同点，那就是过分执着于自己的工作方法。

自己努力总结出来的工作方法，自己努力学习得来的工作技巧，如果能够实现很好的效果，那当然很棒。

然而，工作并不只是为了自我满足。

工作最重要的还是要拿出成果。

为此，必须选择最快速、最适合的工作手段。而且这种工作方法并不一定是自己发明的。

如果你自以为已经选择了最快速、最适合的工作方法，但是效率并没有提高，那么将视线转移到别人身上，是很有必要的。

我曾经也是一个非常执着于自己工作方式的人。

但是无论我多么努力，工作效率就是上不去，经常不得不加班。

在想尽一切办法之后，为了不再走弯路，我开始模仿公司里因工作效率高而出名的一位前辈。

·在写提案书的时候，不是从零开始，而是套用经常使用的模板

·记住电脑键盘上的快捷键

·一键切换输入法模式

·对于销售额位居前 20% 的客户，加大走访力度

·与窗口的办事人员相比，更看重与掌握决策权的人搞好关系

我没去纠结"他为什么要这么做"，只是单纯地加以模仿。连走路的速度都在学他。

结果，我也很快得到了"效率很高"的评价，拿

下的大单也远远超过同一年进入公司的同事。

取得这样的成绩，我凭借的不是自己的工作方法，而是靠模仿前辈的做法。虽然心情多少有点复杂，但更多的其实是庆幸。

◎ 抛弃自己的工作方式是一种成长

日本的茶道、武道等在追求"道"的过程中，师徒关系讲求"守、破、离"。

这就是说在寻求"道"的过程中，首先要完全抛弃自己的做法，遵循师父所传授的方式。在这个阶段完成之后，研究自己的方法，把之前的做法全部打破，最终形成拥有自我特色的风格，脱离原本的模式，实现自由自在。

在"工作道"中，我们同样讲求"守、破、离"。

仔细观察那些优秀的员工，如同拷贝他的思维方式一样地进行模仿，和他采取同样的行动，这一定可以帮助你提高工作效率。

完成"复制"的第一步，首先是仔细观察对方的行动，再观察具体的业务场景，包括如何工作、如何走访客户、如何构建人际关系。对这些"要素"进行分解，用 1 分钟的时间对特征进行总结和记录。

优先模仿那些"容易实现""效果显著"的做法，然后再逐步推进。

4 不要PDCA，改为CAPD

🌀 PDCA 只是最基本的要求

有一种提升效率、改善业绩的方法，称为"PDCA"工作法。

即按照计划（PLAN）—执行（DO）—回顾（CHECK）—改善（ACTION）的顺序推进工作。这种方法可以减少时间浪费，及时查缺补漏，切实推进工作进程。

然而，如果想要提高工作速度，我们就需要对 PDCA 的顺序进行调整。

改为 CAPD 的顺序，即回顾（CHECK）—改善（ACTION）—计划（PLAN）—执行（DO）

首先"回顾"，思考一下现状如何？

然后"改善"，哪些地方需要改善？

之后再制订"计划"，并加以"执行"。

先对现状进行回顾，做一些必要的调整，这有助于顺利引入新的方法。

如果以前有过类似计划无法顺利实施的经历，不对原因进行排查的话，很可能导致再次失败。如果不对计划进行排障，发生过的问题很可能会成为工作顺利推进的绊脚石。这样一来，好不容易制订的计划就好像画纸上的饼，空留遗憾。

因此，先回顾现状，把可能对今后计划实施产生影响的因素排除掉，这是工作早日完成的诀窍。

在 A 先生的公司附近，有一家拉面店总是排队。

午饭时间段，队伍就排得更长。A 先生每次都一到休息时间就跑下楼去，但总是吃不上拉面，只能去隔壁的快餐店。

"总之先排队，万一能排到呢"，凭借这种策略显然是不太可能排得上拉面，说白了就是在浪费时间。

A 先生需要做的，是先回顾（CHECK）不得不排队的原因（比如星期几、时间、天气等），寻找比较有利的时间段并且改善策略（ACTION），选择要去的餐厅（PLAN），付诸行动（DO），从而享受一顿从容的午餐。可见哪怕在吃拉面这件小事上，回顾也是很有效的策略。

🌀 用1分钟回头看，下一步更好办

在我以前工作的公司，有这样一项回顾制度，即每月一次对各项工作进行回顾，并记录在册。

员工基于这份记录与上司进行沟通，探讨如何能够进一步提升工作效率。

每月都进行一次回顾，可以尽早发现问题并修正，及时得到上司的建议，总结提高工作效率的方法，是一项非常有用的制度。

员工个人也可以开展回顾工作。

回顾工作可以分为三步，测算、把握现状、分析原因。

首先测算是指以1个星期或者1个月为限，看一

提高时效，从"回头看"开始

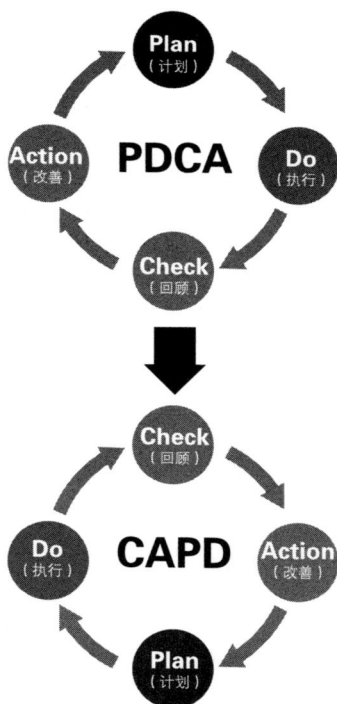

与通常的 PDCA 顺序不同，先回顾并排除那些导致工作无法顺利推进的因素，然后再制订计划并实施，这样可以有效提升工作效率。重点是先对目前的做法做出评估，进行改善，然后再行动。

下自己的各项工作，分别花费了多少时间，对照自己的工作日程安排在 Excel 表格里进行记录。

由此，就可以知道自己哪项工作花费的时间超过了当初的预期。

对于那些效率总是无法提高的工作，就可以做出有针对性的反思，找出原因。

比如，在接受客户咨询时花费的时间总是比较多，要思考一下原因。

如果是由于对商品信息不够了解而导致的，就需要更进一步地挖掘是什么原因导致了这个问题。如果是由于自己只顾着眼前的工作，没有时间对商品信息进行全方位的了解，那么就要排除"没有时间"这个妨碍因素，研究一下那些将时间分配得更加合理的人是怎么做的，然后及时对自己的计划做出调整。

有人可能觉得这样的回顾有点麻烦。然而通过回顾，我们可以找到使工作快速推进的方法，从而达到早点下班收工的目的。在确定了目的和目标之后，这时不妨暂停一下，用 1 分钟的时间做个回顾，然后再设定第一步的工作内容和方法，这样的行动顺序更加科学合理。

第6章

助你高效
工作的
"思考术"

1 必须瞄准"核心任务"

🌀 一直忙个不停，工作不见减少

自己明明没有偷懒，一直拼命应对眼前的工作，但是工作总也做不完。相信有类似经历的人不在少数。

为什么会陷入这种境地呢？

我在工作的过程中，总难免遇到有紧急任务，其他工作"插队"的情况。如何一方面应对这些加塞的工作，另一方面还要推进既定的工作安排，就需要我们准确把握当前工作的核心任务，并且牢牢抓住，不能放松。

我把这种工作中的核心任务比喻成保龄球运动中的"中心瓶"。我们在打保龄球的时候，一定是瞄准位于最中心位置的那个瓶子的。如果中心瓶不打倒，就不可能打出"全中"的

成绩。而如果中心瓶被击中，那么其他瓶子也可能由于连锁反应一起倒下，打出"全中"的可能性就相当高了。

工作也是如此。

如果不抓住最重要的部分（中心瓶），就无法取得成果（打出全中）。

假如你是某网站的管理员，领导给你的任务是增加网购订单。如果你花了许多心思把网页设计得很漂亮，但是商品介绍部分含糊不清，订单数就很难增加。所以，重要的是在顾客想关心的商品说明部分下功夫，提高表达方式的吸引力。

如果商品说明的部分很有吸引力，那么就算在美观度上稍逊，订单数量也还是会增加的。也就是说，改善商品说明就是这份工作的"中心瓶"。

在商务会谈的时候，绕开那些说话彬彬有礼的窗口接待人员，直接去找那些手握决定权的人，这就是找准了"中心瓶"。

所以，在兼顾那些临时加入的工作的同时，一定要牢牢把握自己既定工作的核心部分，绝对不能出错，要切实推进。

如果不考虑哪些工作属于重点工作，对所有工作都不遗余力，那么无论多少时间和精力都是不够用的，甚至可能无论是临时工作还是既定工作，都会半途而废。所以，务必要搞清楚自己应该如何分配精力。

🌀 如何找准工作的"中心瓶"

为了不迷失重点，我们隔一段时间就要问一下自己，这份工作想要做出成绩，最重要的是什么？通过这种自问自答的方式来调整思路。

在忙碌的工作状态下，我们可能将注意力放在如何完成一个又一个的工作任务上，无暇顾及工作的顺序和节奏，导致"中心瓶"不稳，面临满盘皆输的风险。

这种时候切记要暂停一下，自问自答一番。

具体来说，需要兼顾自己的视角和对方的视角，共同找出工作的重点。

**自我视角：哪种业务最容易取得成效或者达到
目标？**
对方视角：对方最重视的是什么？

就拿刚才举过的例子来说，绕开好说话的接待人
员，直接去找手握决策权的人进行业务洽谈，这就是
从"自我视角"出发找到的致胜关键。而比起网页美
化工作，增强商品说明部分的魅力才更重要，这就是
"对方视角"出发找到的致胜关键。

在这件事上我推荐"一日三省"，也就是早中晚
各一次，确定工作的重心。

每天早上，先要为一天的工作做好准备，花上 1
分钟，想一下今天的工作重心在哪里。首先在午休的
时候，整理一下今天上午的工作，看看顺序是否需要
调整，再次确认工作重心。其次是傍晚临近工作结束
时，看看这一天的工作是否是围绕着重心展开的，有
没有发生偏离。最后再花上 1 分钟，想一下明天应该
怎么办。

当然这只是一个建议，大家可以根据自己的实际
状况进行调整。

无论我们如何强调"一日三省"的重要性，一旦忙起来，也是有可能会忘记的。

我每次做有关工作技巧的培训时，一定会提到工作重心（中心瓶）这个话题。一些来听课的学员为了不忘记"实现高效工作应该把重心放在哪里"，会把这几句写在每天使用的笔记本上，用便利贴贴在醒目的地方，还有人会在智能手机上设置定时提醒，到时间就弹出这个问题。

通过手账、便利贴或者手机应用程序等方式，经常就工作重心这个问题进行自问自答，效果不错。

毕竟我们的目的不仅仅是早下班，还要使工作确实有成效。

为了取得成效，什么最重要？从自己和他人的视角出发寻找问题的答案，是实现效率提升且卓有成效的诀窍。

2 山穷水复疑无路，柳暗花明又一村

🌀 总有一些事情会脱离自己的掌控

遇到出乎预料的问题，或者着手一份全新的工作，难免会让我们的思维陷入混乱。

当我们的工作遇到巨大的困难时，不要浪费时间叹息过去，而是要集中精力思考"现在应该怎么办"？

我在写这本书的时候，不小心受了很重的伤，腿部韧带撕裂。没有办法，所有工作安排全都因此延期或者中止了。

眼看着工作堆积如山，我的心情十分焦虑。脑海里不由自主地总是想：

"如果当时小心一点，没有受伤就好了。"然后越想越痛苦。

然而，总这样下去也不是办法。我做了几次深呼吸，开始整理思路。

"受伤这件事情已经成为过去时，再也无法更改，不如把注意力放在眼前，想想现在应该怎么办。"

思考现在能做些什么，也就是将注意力集中到自己可以控制的范围内，于是我想到了可以通过写书这种方式来传达自己的想法。

这是我在厘清思路之后得出的结论。

在遭遇重大挫折的时候，不要纠结于已经无法改变的事实，而是要思考哪些是可以改变的，也就是"现在"可以做什么。

人们有的时候会沉迷于一些无法改变的事情无法自拔。但是冷静下来想一想，这样做根本于事无补。

过去的事情、既成的事实、他人的性格，很多事情都属于无法改变的范畴。应该把这些东西都清理出自己的脑海，专注思考现在应该怎么办。

🌀 把所有想法都从头脑中"腾"到纸上

当工作陷入困境的时候，我们应该对思路进行整理。

把脑海中出现的想法全部、立刻写到纸上。

建议把纸张横过来，中间画一条竖线，在左侧写上无法控制的事情（无法改变），在右侧写上可以控制的事情（能够改变）（参考 188 页）。

比如，围绕如何加大对新产品的促销力度，你提出了一个方案。

但是团队成员的积极性不太高，开展促销活动的预算也不太够。只是叹息"没钱也没人"，对于工作显然没有帮助。

这时候就需要整理一下思路，把所有因素写在纸上。

· 可控（可以改变的）：促销方式、促销时间
· 不可控（无法改变的）：新品内容、团队成员、预算

把自己的想法也全部写下来。也许可以考虑不通过广告代理商来开展促销活动，而是由公司自行开发促销网页，在少花钱的情况下，起到招揽顾客的作用。就算团队成员的积极性不高，对宣传效果的影响也不大。

我们还可以把促销的时间比原定计划推迟 1 个月，配合即将开播的电视剧，一举提升知名度。只是对时间进行调整，就能取得很好的效果。

然后，那些无法改变的部分就不再去考虑了，把它们从纸上划掉，也从脑海中抹去。

把那些可以改变的部分列入"TO DO LIST"，冷静地思考一下先后顺序，从容地迈出下一步。

在遭遇困境的时候，先要学会割舍。

通过这种方式去除头脑中的干扰因素，打破僵局，集中精力思考哪些事情是想了也没用的，哪些事情是现在可以做的。

不要被情绪左右，这一点至关重要。

可控和不可控的因素

不可控因素	可控因素
别人的行动	自己的行动
性格	言行举止
过往	现在
既成事实	解释

在纸的中央画一条竖线，在左右两边把可控和不可控的因素分开。

3 将人际关系与解决问题进行切割

人际关系与工作之间存在剪不断的关联

工作效率下降，并非只是个人工作能力的问题。

实际上工作中还有另外一个重要的影响因素，那就是人际关系。

大部分的工作都无法由一个人独自完成，需要与其他人一起合作。

如果人际关系的问题处理不好，交流就会不顺畅，引发很多矛盾和麻烦，导致工作效率下降。

人际关系对工作的影响是巨大的。

实际上，根据对跳槽理由进行的一项调查显示，很多人辞去原本工作

的一个重要理由是人际关系出现问题。一旦人际关系出现问题，不但工作会停滞不前，还会加重当事人的心理压力，甚至不得不辞职来改善当前的局面。

我们和有些人合得来，和有些人合不来，这是没有办法的事情。要求工作伙伴都是自己喜欢的人，这几乎不可能。但是由于和工作伙伴性格不合，使工作效率下降，这肯定是不行的。

无论与同事之间的关系如何，工作都必须完成，这是理所当然的事情。

无论人际关系如何，都能保持高效工作，这就必须将人际关系与解决问题二者切割。

搞清现状，厘清思路

阿德勒（Alfred Adler）提出的个体心理学中有一种名为"课题分理"的理念。

所谓课题分离，就是把自己的课题和他人的课题区分开来。

比如说，在一次会议上，一位同事发表了很长的一通发言。

你听着他的长篇大论，逐渐开始烦躁起来。没有耐心听到最后，于是你就站起来打断说："这份报告太长了，我想应该不可能被批准。"你擅自给这份报告下了一个否定的结论，使会议的气氛变得沉重，最终会议草草收场。

我们不妨思考一下这个问题。

你那位长篇大论的同事，做了什么不好的事情吗？

我们从"课题分离"的角度来看一下。

同事长篇大论的发言或许是一个问题，但如果你只是加以指责，并没有解决这个问题。

同事发言滔滔不绝，但这不属于你可以控制的问题，也就是说这不属于"自己的课题"。

属于"自己的课题"包括为了使会议顺利进行而采取的准备工作，表达意见，推进议程，避免重复同样的内容导致浪费时间，把会议议程写在白板上，让大家可以一边看一边讨论。

也就是说，同事的长篇大论本来就和你的工作完全没有关系。如果想要会议早点结束，解决方法也不是向对方发火，而是在自己力所能及的课题范围之内想办法。哪怕对方没有按照自己的意愿行事，也不能一味指责。因为生气解决不了任何问题。

我们要做的是专注于解决自己的课题。

微软的创始人比尔·盖茨也很善于通过课题分离的方法来快速解决问题。

中岛聪先生曾经为比尔·盖茨工作，他著有《为何你的工作总也做不完？》一书，并在书中讲了这样一个故事。

微软公司接到一份来自电脑厂商的软件订单，但是由于发生了技术问题，收到了对方的严重投诉。

客户非常愤怒，一度在微软引发了恐慌。大家都认为，如果不把作为原因的技术问题解决，就无法消除客户的愤怒。然而，比尔·盖茨做出了这样的指示：技术问题和用户的愤怒是出于不同的原因，要分开考虑。

实际上，用户之所以愤怒，除了技术原因，更多是由于与业务负责人性格不合导致的。

因此，微软替换掉了相关负责人，一方面致力于安抚客户的情绪，另一方面由工程师努力解决技术问题。这些努力取得了成果，公司与用户的关系最终恢复如初。

我们经常把自己的课题和别人的课题混为一谈，因此需要把二者分离，冷静地思考问题。

很多人意识不到这个问题，总是一脚踏入别人的课题范围，把小事搞大，也把人际关系搞差。

因此在对他人感到不满的时候，不妨先思考一下："这是谁的课题？"

哪些是自己的课题范畴？哪些是他人的课题范畴，在二者之间划出鲜明的界限，这可以帮助我们不受人际关系影响，顺利完成工作。

4 一天两次，整理桌面

🌀 我们的头脑与桌面上的东西是联动的

你的桌子，现在是很整洁的状态吗？是不是摆满了各种与工作无关的东西？

那些工作效率很高的人往往有一个共同点，那就是桌面很整洁。

在我之前工作的公司就是这样，越早收工回家的人，桌子越干净。

我问他们为什么能把桌子保持在如此整洁的状态，他们很少回答我是因为性格认真所致，而是说："为了保持高效的工作状态，把碍事的东西从视线范围内清除掉是十分必要的。"

如果桌子上堆着高高的书本，各

种文具散落四处，笔记便签到处乱放，那么难免出现频繁确认"那个东西放哪儿去了"的状况。

找东西看起来可能只是一瞬间的事情，但是长年累月下来就有不少时间被浪费。

如果每天花上 5 分钟的时间来找东西，1 年（按照每月 20 个工作日，一年 12 个月计算）就有 20 个小时。也就是说差不多有 1 天的时间都用来找东西了，多么浪费。

把桌面整理干净，不但能够省去找东西的时间，还能使你的思路更加有条理。

分清哪些东西是必要的，哪些东西是无用的，这也有助于你确认应该将精力集中于哪些工作。

整洁的桌面可以提高生产率

近来，很多公司都推荐员工将桌面维持在整洁状态（电脑桌面也是一样），因为这有助于提高生产效率。

整理桌面的时间，建议选择在午饭后的午休时间以及一天工作结束时。

在中午整理桌面，可以把一上午工作后造成的混乱局面收拾一下，以全新的心情迎接下午的工作。下班回家前再收拾一下，可以为一天的工作收尾，为明天做好准备，第二天可以更加顺利地投入工作。

当然，每天只收拾一回也行，只需花上 1 分钟。

当你想清醒一下头脑，梳理一下思路的时候，也可以试着把桌上的东西暂时先放到地板上，全部铺开。

这样就可以一目了然地看出，自己原来积攒了这么多早已不需要的东西。

这种"可视化"的理念，可以迅速帮你厘清什么才是现在所需要的，从而集中精力。

每天花上 1 分钟，让你的桌面和头脑都保持清爽状态。

整理桌面，可以帮你看清自己的状态

回家之前

①桌上的东西全部堆在一起

呀，忘了东西！

②把桌上的东西分为三类

明天要做的事情

后天要做的事情

不需要的东西

把堆在一起的东西分门别类，可以帮助你对工作有个整体的把握。

5 睡前多想好事 （GOOD & NEW）

🌀 大脑清醒后的状态是由睡前决定的

在我们入睡的时候，大脑在进行情报整理工作。

我们可以帮助大脑在第二天醒来后更加清醒，更利于学习，更有创造力。

如果我们在睡前使大脑保持在积极状态，那么第二天早上就更容易清醒，更快进入状态。

所以我们在睡前最好多想想当天发生的好事（GOOD）和新鲜事（NEW）。

这件事做起来很简单。

我们只需在笔记本上把当天遇到的"新事"和"好事"一条一条地记下来，然后反复读几遍就可以了。

把它们写下来，你才会发现原来一天有这么多的好事发生。

无论一天有多么不顺利，也不可能 24 个小时全是坏事。

无论遇到怎样的困难，总有一些人或事为我们提供支撑。可能是今天晚餐吃到的红烧肉非常美味，也可以是那天买到的圆珠笔非常好用。

在睡觉前回味一下这些点滴小事，多想想积极的东西，整理好思绪，然后好好睡一觉吧。

"GOOD & NEW"为头脑注入积极能量

在心理学中有一个"色彩浴（color bath）"的概念。

比如你今天下意识地寻找红色的物体，然后你就会发现周围有非常多东西都是红色的。

当我们有意识地去关注某样东西的时候，我们就会聚焦于此，扩大它的存在。这就是所谓"色彩浴"的心理现象。

把这种心理现象进行推广，如果我们在睡前多想想那些"GOOD & NEW"的人和事，头脑就会进入一种积极状态，这种状态会延续到第二天，帮助你发现更多的"GOOD & NEW"。

我曾经建议过一家企业，将分享"GOOD & NEW"作为一项常态化工作。

本来这家公司内部同事之间的关系很淡漠，但是在接受了我的建议之后，短短半年的时间内，公司的员工和领导都积极发现工作中的新事和好事，通过电子邮件等方式进行分享，这项活动逐渐被自发推广到更多的部门和员工之间，大家全都参与了进来。

这种好消息的推广会促进协作，产生更多好消息和正能量，公司上上下下都充满了活力。

这进一步提升了公司的生产力，当年的业绩成为史上最佳。

因此，工作的成绩并不只取决于能力，感情和动力等因素都能够产生很大的影响。

我们每天都要认真进行回顾和总结，使头脑保持在清醒的状态，为提高工作效率和能力奠定良好的基础。

如果能给今天画一个很好的句号，那么明天也一定能够顺利起跑，让我们永远做一个充满正能量的人吧。

6 重视这1分钟的作用，人生更顺利

只需1分钟就可以改变人生

买下这本书的人，恐怕有不少并不相信1分钟就能够厘清思路，使工作更加顺利。

或许还有人认为，工作这么忙，每分每秒都想用来干活，不能浪费在思考上面。

与其花时间来整理思路，不如尽快投入工作，这种想法我非常理解。我以前也是这么想的。

但是我还是想建议大家，尝试拿出1分钟的时间来整理思路。

在每天的工作中，都请为思考留出一点时间来。

只要 1 分钟就可以。

1 分钟能做的事情，比我们想象的要多很多。

如果每天用 1 分钟来做一件事，那么累计下来 1 周就做了 7 件事。

1 个月就做了 30 件，一年就做了 365 件。

1 分钟不仅是一个时间"长度"概念，它还会逐渐累积出"厚度"。

只要花 1 分钟对思路进行整理，不但能帮助你提高工作效率，还能使你的私人生活更加充实，能力得到发挥，人生也会变得更加丰富。

结语

感谢阅读拙作。

我还想再讲一个 17 年前发生的故事。

当时我刚开始创业，意气风发，但是没有经验也没有资金。好不容易争取到了订单，但是由于工作效率不高，迟迟拿不出令人满意的成果，客户与我解约了。

到底怎么做才能摆脱这样的日子？

为了从这种迷茫的状态中解脱出来，我打开笔记本，用 1 分钟的时间，非常认真地把头脑中想到的事情写下来。

用了 1 分钟的时间都不到，在记录的过程中，我的思路逐渐清晰，深信自己是可以把握今后的人生的。

没有头绪的努力是无效的。一味悔恨过去，被感情牵着鼻子走，是无法前进的。我要更好地安排工作，集中精力改变自己的未来。为此，必需养成停下来整理思绪的习惯，哪怕只有 1 分钟也好。

从那以后，只要有时间，我就会用 1 分钟的时间把心里想的事情写出来，然后再进行整理。

这个习惯已经持续了 10 年以上。结果，公司一改过去的困境，走上了正轨，我有机会开始本书的写作。

只用了 1 分钟的时间，我厘清了思路，改变了工作方式，人生也变得截然不同。希望各位读者朋友今后不但工作能够更加顺利，每天早点下班，自己的生活也能变得更加丰富多彩。若能如此，幸甚至哉。

铃木进介

原文书名：１分で仕事を片づける技術
原作者名：铃木进介
1PUN DE SHIGOTO WO KATADUKERU GIJUTSU by Shinsuke Suzuki
Illustrated by Yuki Kitamura
Copyright © Shinsuke Suzuki, 2017
All rights reserved.
Original Japanese edition published by ASA Publishing Co., Ltd.
Simplified Chinese translation copyright © 2022 by China Textile & Apparel Press
This Simplified Chinese edition published by arrangement with ASA Publishing Co., Ltd.,
Tokyo, through HonnoKizuna, Inc., Tokyo, and Shinwon Agency Co. Beijing Representative
Office, Beijing

著作权合同登记号：图字：01–2021–7593

图书在版编目（CIP）数据

１分钟工作整理法 /（日）铃木进介著；王晓蕊译
. -- 北京 ：中国纺织出版社有限公司，2022.6
ISBN 978-7-5180-9329-8

Ⅰ．①1… Ⅱ．①铃… ②王… Ⅲ．①工作 - 效率
Ⅳ．① C935

中国版本图书馆 CIP 数据核字（2022）第 014981 号

责任编辑：王 慧 责任校对：楼旭红 责任印制：储志伟

中国纺织出版社有限公司出版发行
地址：北京市朝阳区百子湾东里A407号楼 邮政编码：100124
销售电话：010—67004422 传真：010—87155801
http://www.c-textilep.com
E-mail:faxing@c-textilep.com
中国纺织出版社天猫旗舰店
官方微博http://weibo.com/2119887771
唐山玺诚印务有限公司印刷 各地新华书店经销
2022年6月第1版第1次印刷
开本：889×1194 1/32 印张：6.5
字数：78千字 定价：49.80元